Geneviève Gagos

L'EFT

C'est la vie !

FIRST
ÉDITIONS

ISBN : 978-2-412-04499-5
Dépôt légal : avril 2019
Imprimé en France par Normandie Roto Impression s.a.s. (1901277)

Illustrations : Fabrice Del Rio Ruiz
Relecture : Françoise Caille
Maquette intérieure : KN Conception

Éditions First, un département d'Edi8
12, avenue d'Italie
75013 Paris – France
Tel. : 01 44 16 09 00
Fax : 01 44 16 09 01
Email : firstinfo@efirst.com

Avertissement

S'agissant d'un livre qui vous explique une pratique à tester, notez que vous êtes seul responsable de votre utilisation de l'EFT (*Emotional Freedom Techniques*). Geneviève Gagos, First Éditions et Gary Craig, le fondateur de la technique, déclinent toute responsabilité quant à l'utilisation que vous en ferez.

Cette technique n'est pas recommandée aux personnes souffrant de troubles psychiatriques qui doivent obligatoirement se rapprocher de leur médecin. Les indications données ici ne sont que des conseils de pratique de la technique EFT et n'ont aucune valeur médicale.

Bien que l'EFT nous émerveille chaque jour par sa rapidité d'action et son efficacité, elle ne remplace en aucun cas une consultation médicale. De plus, si vous suivez un traitement, le médecin est seul habilité à le moduler ou à le supprimer, et ceci, même si vous ressentiez une grande amélioration de votre état.

Ce livre est un guide pour vous éclairer sur ce qui vous arrive ainsi qu'aux personnes qui vous sont chères. Il est le fruit de mes observations sur les cas accompagnés tout au long de ma carrière de praticienne, d'enseignante et de superviseuse EFT. Il n'impose rien et ne fait que suggérer quelques pistes à explorer si le cœur vous en dit.

L'histoire sur laquelle s'appuie cette initiation à l'EFT est une fiction imaginée autour d'un personnage appelé Léa. Elle est inspirée de plusieurs milliers de cas que j'ai accompagnés au cours de ma pratique. Tout a été mis en œuvre pour préserver l'anonymat de chacun d'eux. De ce fait, toute ressemblance avec une personne de votre connaissance ne peut être que fortuite.

Sommaire

Avertissement 3

Préface 9

Avant-propos 13

Alors, comment s'y retrouver ? 14

L'EFT, une histoire de vie 15

Qu'allez-vous découvrir dans ce livre ? 16

Partie 1 19

Qu'est-ce que l'EFT ? 20

Les origines de l'EFT 21

Les principaux avantages de l'EFT 23

Le postulat de base de l'EFT 24

La recette de base de l'EFT 25

La préparation 26

Si la phrase de préparation ne vous convient pas 29

L'inversion psychologique 32

Les points EFT 34

Les 2 points de la phrase de préparation 34

Les 8 points de base et le point du foie 37

Comment procède-t-on ? 40

La technique de base 40
La technique d'urgence 42
La technique de l'histoire racontée 44
Les points et la technique optionnels 45
Les points des doigts 46
Les points des genoux 47
La technique en 3 points 49

Partie 2 51
Comment tout a commencé ? 52
Léa à l'école primaire 56
Léa raconte sa journée au moment du coucher 56
Léa a peur des piqûres 57
Léa a peur des araignées 60
Léa a des difficultés avec les récitations 61
Et la dyslexie ? 63
Léa fait du sport 63
Dans la famille de Léa 67
Tante Virginie a un cancer 68
Mamie est morte 70
Papi a déjeuné avec Claudia Schiffer 71
Katel ne veut plus aller à l'école 73
Les années collège 76
L'entrée au collège 76
Marion a des règles douloureuses 79
Loïc et sa phobie de vomir 82
Comment accepter ses imperfections physiques ? 85
Marion perd ses moyens pendant les examens 90
Les années lycée de Léa 97
Le premier amour de Léa 98
Léa est un garçon manqué 100
Le goût de l'interdit (cigarette, alcool...) 102
Et les jeux vidéo ? 105

Léa quitte le cocon familial 107
Léa part faire ses études à Paris 107
Léa vit en colocation 114
Léa passe son permis de conduire 117
Léa entre dans la vie active 121
Le premier entretien d'embauche 121
Une collègue infernale 124
Trop de pression au travail 125
Mon chef, ce pervers narcissique 128
Léa emménage avec Vincent 131
Pas facile la vie de couple ! 131
Léa et Vincent n'arrivent pas à avoir d'enfants 135
Léa attend son premier enfant 137
Léa devient maman 139
Lisa a des coliques 139
L'arrivée d'un petit frère 140
Lisa entre en maternelle 145
Lisa fait pipi au lit 145
Les troubles du sommeil de Sam 146
Sam fait des cauchemars 151

En conclusion 153

Pour vous qui souhaitez aller plus loin 155

Remerciements 157

Bibliographie 159

Préface

Geneviève Gagos m'a proposé de faire la préface de son prochain livre, alors que nous réactivions un projet d'étude de l'EFT (*Emotional Freedom Techniques*) pour aider les couples en Assistance médicale à la procréation (AMP) ou Procréation médicalement assistée (PMA). J'ai accepté immédiatement.

Je suis sans cesse à la recherche de moyens et d'approches pour améliorer la prise en charge de mes patients. Je cherche à atténuer le parcours difficile de ces couples et à augmenter leurs chances de grossesse en AMP (et de naissances vivantes et en bonne santé). Pour cela, je complète ma prise en charge traditionnelle par toutes les méthodes alternatives pouvant apporter un bénéfice immédiat et réel aux couples. Et ceci dans la gestion du stress, l'arrêt du tabac ou encore la perte de poids par exemple.

J'ai découvert l'EFT par hasard, au détour de lectures, puis dans les nouveaux médias. J'ai ensuite dévoré un livre de Geneviève Gagos, et j'ai commencé à m'appliquer les recettes de l'EFT. Puis, je l'ai recommandé et diffusé autour de moi. Toutes les occasions étaient bonnes pour tester et constater son efficacité : gérer l'appréhension d'une première expérience au trapèze volant, la gestion du stress avant des évaluations scolaires, avant des examens… J'ai également pu éprouver l'efficacité du « petit tapping pour les enfants » auprès d'un neveu pour l'aider à mieux contrôler ses émotions.

Au cours d'un voyage à l'autre bout du globe, dans un bateau navette, entre une île et le continent, j'avais apporté un livre de Geneviève sur l'EFT. J'ai expérimenté l'efficacité immédiate de l'EFT.
Le bateau vient de partir, un bébé pleure beaucoup, beaucoup trop. Visiblement, il souffre. Les jeunes parents japonais sont désemparés. En tant que médecin, je propose mon aide pour comprendre la gêne de l'enfant qui hurle depuis plus de 20 minutes. Ce n'est pas facile de se comprendre en anglais. Après un interrogatoire qui exclut toute cause grave ou inquiétante, je propose de tester l'EFT pour soulager l'enfant. J'incite le papa à effectuer sur son fils, les mêmes tapotements que moi, en miroir. À la fin de la première ronde, l'enfant pleure toujours, mais avec une intensité moindre, un peu surpris sans doute de ce qui se passe. Nous continuons. À la deuxième et troisième ronde, il pleure avec encore moins d'intensité. À la quatrième, il ne pleure déjà plus. Le sourire de l'enfant est ma récompense. Les jeunes parents sont d'une reconnaissance immense et me demandent le nom de cette étrange technique. Tous les passagers me regardent avec soulagement et ma fille, pleine d'admiration, me dit : « Mais que lui as-tu fait Maman ? ».

J'ai eu la chance de rencontrer Geneviève Gagos à une journée de conférences qu'elle a organisée à Lyon en juin 2016. Il s'agissait d'un colloque sur les troubles de l'attachement jusqu'à la résilience et les autres solutions au traitement exclusivement médicamenteux.
Je fus notamment marquée par la réduction de moitié de consommation de psychotropes, somnifères, anxiolytiques, grâce à l'EFT. Mais également par l'efficacité incontestable sur les phobies et les troubles que l'EFT peut traiter. Ce colloque fut une révélation pour moi et le début d'une relation professionnelle riche en collaboration, puis d'une amitié avec Geneviève.

Elle a le talent pour savoir expliquer l'EFT très naturellement, ce qui permet à tous d'en bénéficier. Elle a su vulgariser cette technique. Tous les cas qu'elle expose permettent de s'identifier et de s'approprier la volonté de se débarrasser de nos émotions négatives. Avec ce livre *L'EFT, c'est la vie !*, Geneviève Gagos nous montre que l'EFT peut nous aider à toutes les étapes et tous les âges de la vie, dans toutes les situations, délicates ou plus difficiles.

Dr Isabelle AKNIN, MD, PhD,
Médecin Biologiste de la Reproduction
Hôpital Nord
42 055 SAINT-ÉTIENNE

Avant-propos

Le temps passe et nous sommes de plus en plus pressés. Nous ne manquons pas d'occasion de nous précipiter, puis, *a posteriori*, de nous rendre compte que nous aurions mieux fait de nous poser juste un instant.

Il vous suffit de taper « EFT » sur Internet pour comprendre que le sujet est largement traité. Vous constaterez que de nombreuses versions sont disponibles avec plus ou moins d'efficacité et de cohérence, ce qui ne manque pas de troubler le lecteur. Chacun ajoute son interprétation à ce qu'il a perçu, car au fond, tout n'est qu'une affaire de perception.

Alors, comment s'y retrouver ?

Pour ma part, j'ai suivi le cours de Gary Craig, évitant ainsi toutes déformations intermédiaires. J'applique cette méthode et respecte sa version originale depuis 2003. Je l'enseigne depuis 2007 et je m'engage à vous transmettre ses fondamentaux.

Vous trouverez ici la dernière mise à jour réalisée en 2012 par le fondateur de sa pratique version tapping. Elle vous permettra d'obtenir les meilleurs résultats au quotidien, si vous suivez les instructions comme je l'ai fait, moi aussi, à mes débuts.

Avancez pas à pas. Ne soyez pas pressé. Ne grillez aucune des étapes proposées dans ce guide. Ne cédez pas à la tentation de croire que vous avez tout compris d'emblée, que l'EFT c'est juste « tape, tape et puis voilà ! ». Si cette méthode est très simple dans sa conception, c'est en suivant ces instructions précises que vous optimiserez votre pratique. Vous intégrerez au mieux et rapidement ce savoir-faire et en décuplerez les bienfaits. Il ne vous restera plus qu'à apprécier votre nouvelle vie, celle que vous procure une bonne pratique. Car c'est un outil et c'est la dextérité avec laquelle son utilisateur le manie qui apporte le résultat final.

L'EFT, une histoire de vie

Lorsqu'Aline Sibony, mon éditrice, m'a proposé d'écrire un livre sur l'EFT pour cette collection, j'ai tout de suite été enthousiasmée. Pour moi, c'est une évidence : « L'EFT, c'est la vie ! ».

Il s'agit vraiment d'une technique pour tous les moments de la vie, de notre arrivée dans ce monde jusqu'à notre départ, en passant par toutes les étapes, du bébé à l'enfant, de l'adolescent à l'adulte et à la personne âgée, et pour toutes les occasions où l'on a besoin d'un coup de pouce pour poursuivre son chemin. Quelle que soit votre déconvenue, vous pourrez compter sur l'EFT, pour une douleur, une maladie — dans les limites indiquées au début de ce livre —, une relation difficile, l'appréhension d'un événement futur ou le traitement d'un moment délicat de votre passé, l'EFT est l'instrument qu'il vous faut.

Et c'est parce qu'elle est utile à tous les niveaux que j'ai envie de vous en parler avec une histoire de vie qui pourrait être celle de chacun d'entre nous.

L'EFT est entrée dans ma vie par hasard, au moment où j'avais le besoin impérieux d'une solution pour l'un de mes enfants. Et si je l'ai adoptée, ce n'est pas par chance, mais par choix. Cette technique est une véritable source de bien-être pour tous ceux qui l'utilisent.

Qu'allez-vous découvrir dans ce livre ?

Nous développerons les principes de l'EFT et comment l'utiliser pour vous apaiser dans l'instant. Nous verrons qu'il est également possible de s'en servir plus profondément pour se libérer de l'emprise du passé et notamment des croyances qui empêchent de se réaliser. Puis nous visiterons de nombreuses situations quotidiennes pour découvrir comment intégrer l'EFT à votre vie, au jour le jour, pour nous aider à gérer toute source d'inconfort.

Puissiez-vous dire un jour, à votre tour, qu'il y a un avant l'EFT et un après l'EFT.

Partie 1

Qu'est-ce que l'EFT ?

« Tout ce à quoi vous vous opposez,
tout ce à quoi vous résistez,
se renforce et se nourrit
de votre opposition et de votre résistance. »
Maître Philippe de Lyon

L'EFT est l'acronyme de « *Emotional Freedom Techniques* », que l'on traduit en français par « Techniques de libération émotionnelle ». C'est une technique d'acupuncture émotionnelle qui utilise le système des méridiens d'acupuncture.

À la place des aiguilles, la technique se base sur la stimulation des acupoints[1] du bout de 2 doigts, habituellement l'index et le majeur. Cela permet de s'assurer de bien couvrir la surface où se situe chacun des points EFT.

L'EFT est une forme d'acupression qui permet de libérer les émotions négatives. Vous pouvez dans de nombreux cas, vous soulager vous-mêmes.

---

1. Dans le langage EFT, les acupoints représentent les points d'acupuncture.

Très sommairement, il s'agit de tapoter ou de frotter doucement certains points spécifiques situés sur nos méridiens et d'énoncer ce qui nous dérange (émotions négatives, problèmes physiques, manies...) tout en étant concentré sur le ressenti associé. C'est cette association paroles, syntonisation et gestes qui équilibre les méridiens perturbés pour vous soulager.

Les origines de l'EFT

L'EFT est née en 1995, grâce à Gary Craig, un ingénieur américain de Stanford.
Maître PNL et coach individuel de performance, Gary cherchait comment aider les gens tout en les rendant rapidement autonomes. Il s'est alors intéressé à la résolution des blocages émotionnels qui empêchent la pleine réalisation de chacun.

Il avait une idée que lui avait inspiré son réveil spirituel vécu en 1988, mais les Américains n'étaient pas encore prêts pour cela. Il lui fallait passer par un autre chemin, une étape intermédiaire avant de proposer son « Optimal EFT™[2] » qu'il utilise et transmet aujourd'hui. Il arrive encore que l'EFT fasse office « d'extra-terrestre » dans les croyances des plus cartésiens. Mais peu importe, chacun vit ses expériences

2. Optimal EFT™ est, pour Gary Craig, l'aboutissement de l'EFT. L'Optimal EFT™ combine les fondamentaux de l'EFT, The Gold Standard EFT™, dans un mélange harmonieux de principes spirituels et de physique quantique.

et le but de ce livre n'est pas de convaincre qui que ce soit au sujet de l'EFT, mais plutôt d'inviter ceux qui le souhaitent à approfondir leur perception première de cette technique.

Quant à ses origines plus factuelles, l'EFT est cousine de l'acupuncture, issue de la Médecine Traditionnelle Chinoise (MTC). C'est une science vieille de plus de 5 000 ans, qui a longtemps été mise en doute quant à la réelle présence des méridiens. Aujourd'hui, c'est une méthode très répandue.

Nombreux sont ceux qui ont éclairé cette vision millénaire des énergies subtiles en proposant différentes approches.

Le Dr Georges Goodheart, chiropraticien, a développé dans les années 1960, la kinésiologie appliquée[3], l'une des ancêtres de l'EFT.

Puis le Dr John Diamond a été l'un des premiers psychiatres à communiquer sur le concept des énergies subtiles, notamment dans son livre *Using the Meridians to Unlock the Power of Your Emotions*[4].

---

3. La kinésiologie appliquée est une technique de rééquilibrage psychocorporelle qui appelle la mémoire du corps pour interagir avec elle.
4. Traduction libre : « L'énergie vitale : l'utilisation des méridiens pour déverrouiller le pouvoir de vos émotions »

Plus proche de nous, Gary Craig s'est initié à l'acupressure émotionnelle auprès du Dr Roger Callahan[5], docteur en psychologie. En réduisant la complexité des découvertes de Callahan, Gary Craig a apporté au monde une version simple et accessible à tous, professionnels et personnes non qualifiées.

À la même époque, plusieurs autres techniques sont nées. Seule l'EFT a résisté au temps grâce à ses nombreux avantages.

Les principaux avantages de l'EFT

Voici les principaux avantages de la méthode. Très vite, vous compléterez cette liste vous même :

- Elle est simple à utiliser, mais non simpliste pour autant.
- Elle peut être travaillée sur tous types de problématiques : physiques, émotionnelles ou mentales sans distinctions ; très anciennes ou récentes ; bénignes ou graves. Vous pouvez l'essayer sur tout — dans la limite du bon sens — y compris pour les sujets où rien n'a fonctionné jusqu'à présent.
- Elle soulage dans 80 % des cas pour lesquelles elle a été utilisée et jusqu'à plus de 95 % lorsqu'elle est exercée par des mains expertes.

---

5. Roger Callahan, fondateur et utilisateur de la TFT (Technique du Champs Mental), composé de multiples algorythmes (un différent pour chaque type de problème).

- Elle surprend par sa rapidité d'intervention. Parfois, après seulement quelques minutes d'EFT, le problème disparaît totalement.
- Elle ne nécessite aucun matériel.
- Elle ne requiert pas la précision demandée aux acupuncteurs qui emploient des aiguilles pour obtenir l'effet désiré.
- Elle est indolore.

De manière générale, en neutralisant vos problèmes émotionnels, l'EFT fait évoluer votre perception du monde qui vous entoure, vous rendant plus tolérant aux aléas de la vie. L'EFT vous redonne le pouvoir sur vous-même. Elle vous rend autonome.

Le postulat de base de l'EFT

La cause de toute émotion négative
est une perturbation
du système énergétique corporel.[1]

1. Principe de base de Gary Craig

Prenons un exemple pour expliquer cette affirmation.

Grégory, un enfant de 4 ans, joue au ballon. Un chien apparaît dans son paysage. En voulant attraper ce ballon, il bouscule Grégory qui tombe et se fait mal.

Depuis, Grégory hésite à jouer au ballon et a peur des chiens.

Pour autant, tous les enfants qui ont vécu la même expérience que Grégory ne développent pas les mêmes craintes. Ici, ce n'est pas l'événement qui a créé la réaction négative. En EFT, nous parlons d'un « ZZZZZT », comme une sorte de court-circuit qui se produit dans le système énergétique corporel au moment de l'événement. Grâce à l'EFT, si on ne sait pas pourquoi cela se manifeste, on sait comment le neutraliser afin que l'énergie s'écoule de nouveau librement.

La recette de base de l'EFT

Le processus est simple, même pour un jeune enfant. Comme toute recette, elle se compose de différents ingrédients que l'on introduit l'un après l'autre en suivant des instructions précises pour obtenir le meilleur résultat. Certains semblent réussir mieux que d'autres, probablement ceux qui ont persévéré, même après plusieurs échecs. Ils ont essayé de nombreuses fois l'EFT avant d'intégrer ce coup de main qui fait la différence.

En parlant de recette, vous conviendrez que faire une omelette est d'une simplicité enfantine. Il n'y a qu'à casser des œufs et les battre avec une fourchette.
Pourtant, l'un de mes amis, fin cuisinier, a eu besoin de regarder ma manière de battre les œufs pour comprendre pourquoi mon omelettre à l'oseille était meilleure que la sienne.
Alors ne vous laissez pas berner par la simplicité du protocole EFT.

L'EFT consiste en un seul et même exercice qui vous apaise et vous autorise à penser sereinement à votre problème, quel qu'il soit.

Avant d'aller plus loin, j'aimerais définir quelques termes que vous allez rencontrer au fil de votre lecture :

— Une ronde ou un tour EFT correspond à l'ensemble des actions que nous allons développer maintenant.

— Une séance EFT comprend autant de rondes que nécessaire pour atténuer le problème, puis s'en délivrer.

La préparation

Afin de profiter au maximum des conseils qui suivent et d'améliorer ainsi votre pratique, je vous demande de ne pas céder à la tentation de traiter en priorité votre plus gros problème. Essayez d'abord la technique sur un symptôme ou une gêne relativement simple. Un désagrément que vous pouvez facilement quantifier (sur une échelle de 0 à 10) afin de vérifier ce qui se passe en vous.

1 — Identifiez votre problème

Ressentez-vous une émotion désagréable ? Une douleur ? Une gêne ?
Avez-vous un ressenti qui vous envahit ?

2 — Évaluez votre ressenti

L'évaluation est un repère qui vous permet de chiffrer, sur une échelle de 0 à 10, le niveau de désagrément ressenti (0 correspond à l'absence totale de désagrément et 10, à l'évaluation la plus haute). Vous mesurerez ce ressenti tout au long du processus : avant, puis après avoir réalisé une ronde d'EFT.

S'agissant d'un simple repère, cette évaluation ne nécessite pas d'être d'une extrême justesse. Il est donc inutile de passer du temps à chercher un chiffre exact. Le premier chiffre qui vient est le bon.

3 — Construisez votre phrase de préparation

La phrase de préparation (ou phrase complète) vous permet de définir le problème et de vous accepter avec lui.

Même si [j'ai ce problème], [acceptation de soi].

Remplacez [j'ai ce problème] par son énoncé précis. Par exemple :

« Même si je suis en colère contre mon père, [acceptation de soi]. »
« Même si j'ai cette douleur au côté droit du thorax, [acceptation de soi]. »

Remplacez [acceptation de soi] par une affirmation d'acceptation. L'affirmation par défaut est : [je m'aime et je m'accepte complètement].

Par exemple :

« Même si j'ai ce point douloureux dans le bras droit, je m'aime et je m'accepte complètement. »

4 — Préparez votre phrase de rappel

La phrase de rappel vous permet de rester concentré sur le problème à éradiquer. Reprenez l'exemple utilisé précédemment et construisez votre phrase de rappel. De la phrase de préparation, ne retenez que l'énoncé du problème :

« ~~Même si~~ j'ai ce point douloureux dans le bras droit, ~~je m'aime et je m'accepte complètement~~. »

Dans cet exemple, votre phrase de rappel est : « j'ai ce point douloureux dans le bras droit ».

Si la phrase de préparation ne vous convient pas

Vous avez du mal à prononcer : [je m'aime et je m'accepte complètement]. Pas de panique ! Dans le cas où cette affirmation vous bouscule au point de ne pouvoir vous concentrer sur l'aspect du problème à résoudre, choisissez dans cette liste celle que vous pourrez prononcer.

[Je m'aime et je m'accepte complètement] peut être remplacé par :

- « Je m'accepte complètement », « je m'accepte profondément », « je m'accepte comme je suis », « je m'accepte avec compassion », « je m'accepte sans jugement ».
- « Je veux bien m'accepter », « je veux bien essayer de m'accepter » ou « je veux bien essayer de m'accepter pour cette fois ».
- « J'accepte ce que je ressens ».

Chacune de ces propositions montre bien une acceptation de soi avec le problème.

Vous vous dites : « Mais je ne peux pas accepter d'avoir ce problème ! »

Certains confondent leur propre personne avec le problème lui-même. Nous avons tous des problèmes, plus ou moins graves, dont nous ne sommes pas toujours très fiers. Mais cela ne change en rien ce que nous sommes.

Vous êtes une personne avec un problème ou un comportement que vous désapprouvez certes, mais vous n'êtes pas vous-même ce problème ! D'ailleurs, si vous vous penchiez sur votre jeune enfant qui vient de faire une bêtise, diriez-vous qu'il est un être indigne parce qu'il a eu cette faiblesse ou condamneriez-vous plutôt le comportement inadéquat qu'il a manifesté ?

En outre, accepter une situation ou un événement ne veut pas dire que vous ne voulez rien changer. Bien au contraire, car vous ne pourrez le faire que si vous regardez le problème bien en face.

> L'EFT a un grand avantage : elle sait respecter notre sensibilité et nous amener, en douceur, vers la résolution des problèmes.

Les praticiens EFT professionnels utilisent un moyen appelé « Technique sans larmes pour les traumas », car il est inutile de souffrir pour aller mieux. Si une problématique vous est très chère et qu'elle est très ancrée en vous, ne souffrez pas pour en guérir. Faites-vous accompagner de professionnels EFT[6].

Vous vous demandez : « Et ces phrases positives que l'on voit partout ? »

A contrario, il existe des tournures de phrases inadaptées au bon traitement de vos problèmes. Couramment présentes sur Internet, elles détournent le problème sans le neutraliser. Pour les décrire, j'utilise souvent cette métaphore : ce n'est pas parce que vous évitez toutes les autoroutes que vous n'avez plus peur de conduire sur une autoroute.

Vous avez l'impression d'aller mieux dans l'instant, mais dès que vous êtes de nouveau confronté au sujet, vous remarquez que rien n'a changé. En voici quelques exemples, je les ai rayés pour que vous ne soyez pas tenté de vous en servir :

« *Même si j'ai peur de conduire sur une autoroute, ~~[je choisis de vivre ma vie]~~.* »
« *Même si j'ai cette douleur lancinante à la tempe droite, ~~[j'arrive à me concentrer sur mon devoir]~~.* »
« *Même si je suis en colère contre mon père, ~~[je décide que tout va bien !]~~.* »

6. Les praticiens certifiés EFT France sont méticuleusement formés et exercés. Vous en trouverez sur le site *ecole-eft-france.fr*

Ces phrases utilisent une induction positive qui tourne le dos au problème. Comme vous le savez, le déni n'a jamais rien traité.

D'autres encore iront jusqu'à transformer totalement la phrase de préparation en une sorte de méthode Coué[7] tapotée : ~~« Je me libère de mes peurs et de mes larmes et de tout ce qui entrave ma vie… »~~ .

J'aimerais vous dire que vous pouvez tapoter n'importe quel type de phrase, mais vous ne tromperez pas votre subconscient de la sorte. Il faut lui parler juste. Sachez que ce qui vous dérange désormais a été mis en place par votre subconscient en guise de solution pour pallier la difficulté. Même si cela vous agace aujourd'hui, cela part d'une bonne intention. Et toujours par souci de protection, il le garde à l'abri de toutes tentatives qu'il percevrait comme un danger pour vous.

L'inversion psychologique

Le principe d'inversion psychologique a été découvert par le Dr Roger Callahan. Il avait remarqué que ses patients, quoique sincères dans leur volonté de changer leurs comportements, persistaient, et parfois même leur situation s'aggravait, séance après séance.

---

7. La méthode Coué consiste en l'autosuggestion consciente.

Par l'utilisation du test musculaire[8], Callahan a levé ce mystère en découvrant qu'un élément agissait comme un auto-saboteur.

Ainsi, alors qu'un homme voulait réellement perdre du poids, le test musculaire réalisé sur lui affirmait le contraire, démontrant une inversion de polarité. Son corps répondait « non » à l'affirmation : « Je veux perdre 10 kilos ! » et « oui » à : « Je veux gagner 10 kilos ! ».

C'est pourquoi il a appelé cette réaction « l'inversion psychologique » (IP).

Au début de la pratique de l'EFT, et durant de nombreuses années, Gary Craig a repris ce principe d'IP au début de chaque ronde d'EFT. Puis il a décidé qu'il était mal nommé puisqu'il pouvait lui-même faire l'objet d'un traitement par l'EFT. De la même manière que vous travaillez sur une émotion, une douleur ou toute autre gêne, vous pouvez appliquer l'EFT sur une croyance ancrée dans le subconscient qui s'obstine à vous maintenir dans un comportement qui ne vous convient pas.

C'est pourquoi en juin 2012, il a remplacé l'idée d'« inversion psychologique » par la « phrase de préparation ».

8. Le test musculaire est un outil utilisé en kinésiologie pour déceler les blocages. Il ne fait pas partie de la pratique officielle de l'EFT.

Après avoir mis en évidence les 4 ingrédients de la recette de base (identification du problème, évaluation du ressenti, phrase de préparation et phrase de rappel), intéressons-nous aux principaux points à stimuler.

Les points EFT

Les 2 points de la phrase de préparation

Dans la séquence EFT, vous aurez un point à stimuler tout en énonçant votre phrase de préparation. Vous avez ici le choix entre 2 points.

1. Le point karaté

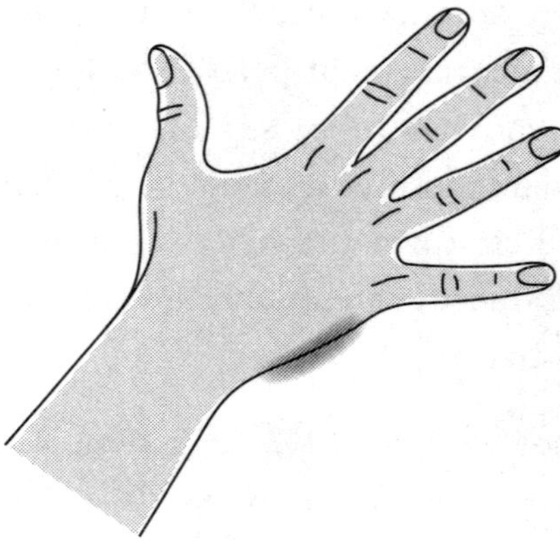

Le point karaté est le plus connu et le plus utilisé, simplement parce qu'il est facile à localiser. Il tient son nom du fait que l'on stimule la tranche de la main, celle dont les karatékas se servent, comme démonstration, pour briser une planche.

On peut aussi l'appeler, le « point ami », puisque c'est la partie que le bout de vos doigts atteint lorsque vous serrez la main de quelqu'un.

2. Les points sensibles

Plus difficiles à trouver, ils permettent néanmoins une meilleure concentration sur votre travail EFT.

Montrez le nombre 3 avec vos doigts (pouce, index et majeur) en les écartant de votre mieux. Placez l'index dans le petit creux situé à la base de votre cou. Descendez ensuite le majeur et le pouce le plus bas possible sur votre thorax. Lâchez enfin l'index en gardant le pouce et le majeur à leur place.

Vous devez sentir 2 points sensibles, sous votre pouce et votre majeur. Ces points se situent entre 2 côtes. Il arrive parfois que seul l'un d'eux soit sensible.

Ils ne correspondent pas à des points d'acupuncture précis, mais à une zone de congestion neurolymphatique, ce qui les rend souvent sensibles à la pression. Contrairement aux acupoints, ceux-ci ne sont pas tapotés, mais massés. Le sens du massage n'est pas important.

En fonction de votre sensibilité, c'est à vous de décider lequel de ces points (karaté ou sensible) vous stimulerez, en énonçant votre phrase de préparation.

Les 8 points de base et le point du foie

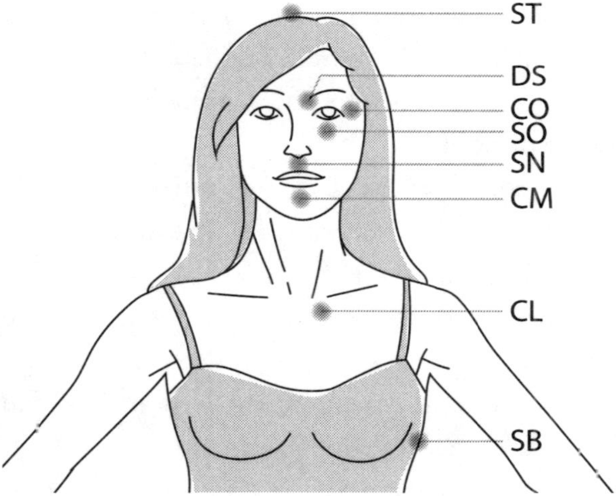

En juin 2012, Gary Craig a simplifié la recette de base EFT initiée en 1995. Il y a ajouté le point sur la tête mis en place par Michael Gandy[9] et a déclaré que tous les autres points seraient optionnels.

La séance de base – à distinguer de la séance longue des débuts de l'EFT[10] – comprend 8 points :

1 – ST, ou sommet de la tête, est un point qui se situe à l'endroit le plus haut du crâne. Michael Gandy l'a

9. Michael Gandy est un acupuncteur américain présent dans les séminaires de Gary Craig au début de l'EFT.
10. L'ancienne séquence de base comportait 13 points dont les 4 points des doigts et le point gamut.

montré grâce à une ligne imaginaire allant d'une oreille à l'autre et passant par le haut de la tête.
2 – DS, ou début du sourcil, est un point qui se situe à l'extrémité intérieure du sourcil, à la base du nez.
3 – CO, ou coin externe de l'œil, se situe juste sur l'os à l'extérieur de l'œil.
4 – SO, ou sous l'œil, se situe au milieu de l'os de l'orbite, sous l'œil, à la verticale de l'iris lorsque vous regardez droit devant vous.
5 – SN, ou sous le nez, est entre le nez et la lèvre supérieure.
6 – CM, ou creux du menton, est le point dans le creux entre la lèvre inférieure et le menton.
7 – CL, ou point claviculaire, se situe à l'intersection de la tête de la clavicule, de la première côte et du sternum.
8 – SB, ou sous le bras, est à l'intersection d'une ligne horizontale qui part du mamelon et d'une ligne verticale qui descend de l'aisselle.

Utilisez votre main dominante pour stimuler d'un côté du corps ou de l'autre.

Le point du foie

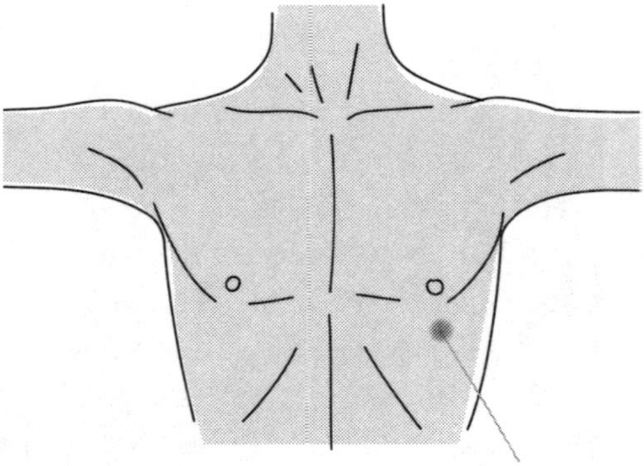

Gary Craig a rapidement abandonné ce point, notamment lors de ses séminaires en public. À ses débuts, il le tapotait sur les personnes qu'il accompagnait, mais ce n'était pas très convenable de stimuler ce point sous le sein des femmes.

Pour moi, qui n'ai jamais tapoté à la place des autres — pour ne pas être intrusive et parce que je ne trouvais pas cette démarche autonomisante — j'inclus ce point du foie dans ma ronde d'EFT de base depuis mes débuts.
Sans doute parce que c'est ainsi que j'ai appris l'EFT, mais aussi parce que le méridien du foie régit nos colères. Et je ne pense pas me tromper en disant que nous en avons tous quelques-unes à apaiser.

Comment procède-t-on ?

La technique de base

1. Choisissez le problème que vous souhaitez traiter en EFT.
2. Évaluez votre dérangement entre 0 et 10.
3. Tapotez le point karaté ou massez les points sensibles en énonçant votre phrase de préparation en entier, et en restant concentré sur votre ressenti : « Même si [j'ai ce problème], [je m'aime et je m'accepte complètement].»
4. Stimulez l'un après l'autre, les 8 points EFT, en disant votre phrase de rappel : [j'ai ce problème].
5. Réévaluez votre ressenti et poursuivez les stimulations tant que vous n'êtes pas à 0.
6. Testez vos résultats.

C'est par des tapotements secs, légers et rapides sur ces acupoints, combinés à un ressenti émotionnel ciblé, que nous décongestionnons les blocages énergétiques. Très vite, les émotions et les symptômes physiques se dissipent laissant la place à un agréable sentiment de sérénité.

C'est l'association de la concentration, des gestes et des phrases précises, en respectant bien chaque étape, qui fait de l'EFT cette technique unique avec des résultats durables.

Comment construire les phrases suivantes ?

Une fois votre première ronde accomplie – tapotements sur les points de base en répétant les phrases de préparation et de rappel –, évaluez à nouveau votre ressenti.

Recommencez le processus tant que vous n'êtes pas à 0. Pour cela, ajustez votre phrase en tenant compte de votre ressenti.

Si vous avez la même sensation, mais moindre, vous utiliserez des adverbes ou des précisions : encore ; toujours ; encore un peu ; toujours un peu ; un petit peu ; un petit chouillat ; ce reste de… ; etc.

« Même si j'ai encore ce point douloureux dans le bras droit, je m'aime et je m'accepte complètement. »
« Même si j'ai encore un peu ce point douloureux dans le bras droit, je m'aime et je m'accepte complètement. »
« Même si j'ai ce petit point douloureux dans le bras droit, je m'aime et je m'accepte complètement. »

Si votre sensation a évolué d'un point douloureux à une gêne, c'est cette nouvelle description que vous utiliserez :

« Même si j'ai cette gêne dans le bras droit, je m'aime et je m'accepte complètement. »

Comment et pourquoi tester les résultats ?

Lorsque toute gêne a disparu, il est important de tester le résultat obtenu. Dans un premier temps, faites les mêmes gestes que lorsque vous avez remarqué la gêne. Puis exagérez les faits pour vérifier que vous évaluez la douleur à 0.

Si, jusqu'à présent, vous ressentiez cette douleur en permanence, après vous être assuré qu'elle a disparu, vous tenterez de bouger votre bras dans un sens puis dans l'autre, pour tenter de la raviver. Si malgré cette manœuvre, vous restez à 0, bravo, vous en voilà libéré.

Attention, nous avons tendance à attendre le dernier moment pour faire ce travail sur nous. Aussi je vous conseille de ne pas abandonner tant que vous n'êtes pas à 0, car vous risqueriez de ne pas retrouver de sitôt une telle opportunité d'aller mieux.

La technique d'urgence

Rappelez-vous, il n'est pas nécessaire de souffrir pour guérir. C'est pourquoi vous utiliserez l'EFT avec le maximum de respect pour votre bien-être. Si vous rencontrez un sujet qui vous bouleverse fortement, je vous engage à consulter un professionnel de l'EFT qui appliquera la bonne méthode pour vous libérer en douceur.

En attendant, la technique d'urgence vous apaisera dans l'instant et vous permettra de poursuivre vos activités de la journée. Elle permet de réguler en toutes circonstances les débordements émotionnels.

La technique de Gary Craig consiste à tapoter sans s'arrêter, l'un après l'autre, tous les points de la ronde EFT pour dissoudre la gêne ou le trop-plein émotionnel. Au fil de ma pratique, j'ai adapté ma technique aux personnes les plus sensibles. Depuis, je l'enseigne à tous mes étudiants.

1. Commencez par stimuler le point claviculaire (CL) (voir p. 37). Tapotez-les continuellement, en alternant le gauche et le droit.
2. Tapotez tous les points de la séquence de base (voir p. 37) : début du sourcil (DS), coin externe de l'œil (CO), sous l'œil (SO), sous le nez (SN), dans le creux du menton (CM) et enfin sous le bras (SB).
3. Je poursuis par les points des doigts (voir p. 46) sans me soucier du point de l'annulaire.
4. Terminez par le point karaté (voir p. 34).
5. Remontez tous les points l'un après l'autre, en partant de l'auriculaire jusqu'au sommet de la tête.
6. Recommencez si nécessaire.

Cette pratique mobilise toute votre attention et vous oblige à lâcher l'émotion qui vous submerge. C'est un fait scientifique, on ne peut pas réfléchir à 2 choses en même temps.

Il arrive parfois que, lorsque vous vous êtes habitué à pratiquer cette méthode d'urgence, elle ne suffise pas. Si après 2 allers-retours, vous ou la personne êtes toujours sous l'emprise de cette émotion, il faut alors forcer le retour dans le cerveau préfrontal.
Pour cela, décrivez précisément ce que vous voyez autour de vous. Cela demandera l'instant de réflexion suffisant pour lâcher l'émotion difficile.

C'est un bon moyen de se stabiliser avant de confier la tâche à un professionnel EFT, car si cette technique calme très rapidement, elle ne traite pas le problème resté en suspens.

La technique de l'histoire racontée

Si vous êtes face à un souvenir douloureux, mais abordable sans accompagnement, optimisez votre pratique en utilisant le film de votre événement. Cette méthode vous permettra de visiter tous les aspects d'une même scène :

1. Donnez un titre à votre événement.
2. Évaluez votre ressenti entre 0 et 10. Si votre note se situe au-dessus de 5, effectuez une ou plusieurs rondes globales comme « *Même si j'ai un problème avec cette histoire, je m'aime et je m'accepte complètement.* » Sans y apporter plus de précisions. Le but ici est de descendre l'intensité à 5 tout au plus, pour pouvoir ensuite entrer dans le détail.
3. Commencez votre film à un moment neutre.
4. Arrêtez-vous à la moindre gêne pour tapoter l'aspect qui se présente.
5. À la fin du film, repassez-le de nouveau pour vous assurer qu'il ne reste plus rien de dérangeant. Le cas échéant, répétez l'EFT sur ces nouveaux éléments.
6. Testez vos résultats en vous projetant dans ce film, en exagérant chaque aspect, pour confirmer que l'ensemble des ressentis négatifs a bien été neutralisé.

Les points et la technique optionnels

Parce que les points dits « optionnels » sont très rarement utilisés, j'évoquerai uniquement ceux qui peuvent avoir une réelle utilité pour vous.

Les points des doigts

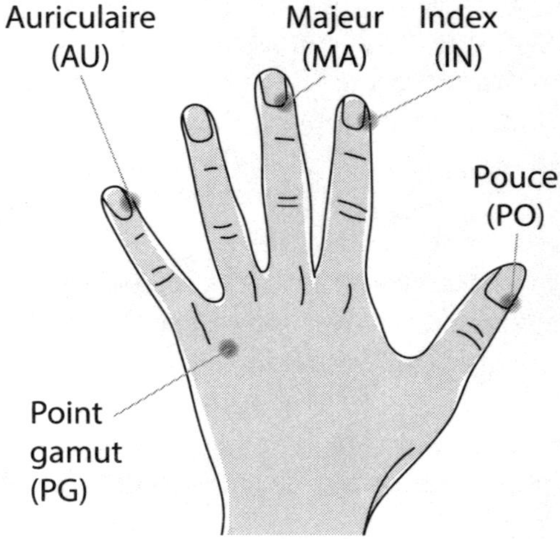

Les points des doigts faisaient partie de l'ancienne séquence de base EFT qui comportait les 8 points de la séance de base actuelle, les 4 points des doigts et le point gamut.

S'ils peuvent être utiles en réunion ou à l'école, pour une stimulation discrète sous une table ou un bureau, je ne les utilise guère plus que dans ma technique d'urgence (voir p. 42).

Les points des genoux

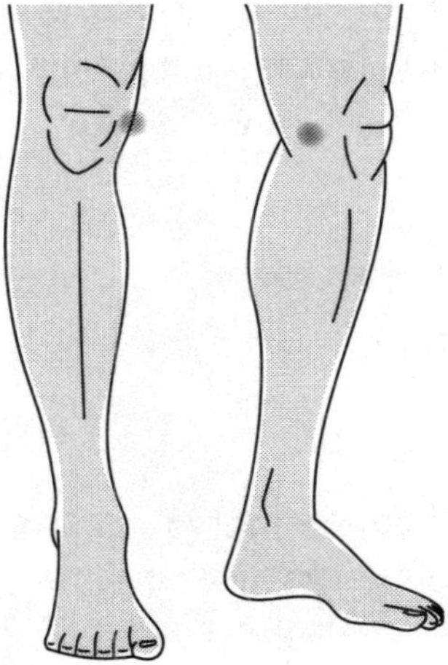

Michael Gandy est à l'origine des points situés entre les genoux, conseillés lorsque vous avez tendance à ruminer vos problèmes.

La stimulation des points entre les genoux peut immédiatement calmer une personne inconsolable. Ce sont des points très importants pour se sortir d'un cycle de mal-être.

La gamme des 9 actions

La gamme des 9 actions consiste à réaliser les 9 actions suivantes tout en stimulant le point gamut (voir p. 46), sans tourner la tête car ce sont les yeux qui doivent bouger :

1. Fermer les yeux ;
2. Ouvrir les yeux ;
3. Regarder à droite ;
4. Regarder à gauche ;
5. Tourner les yeux dans le sens antihoraire d'une montre ;
6. Tourner les yeux dans le sens des aiguilles d'une montre ;
7. Fredonner (sans les paroles) un petit air connu ;
8. Compter de 1 à 5 à haute voix ;
9. Fredonner à nouveau ce même petit air connu.

La gamme des 9 actions faisait partie de l'ancienne version de l'EFT de Gary Craig. Elle n'est plus nécessaire. Elle permettait notamment de solliciter les hémisphères droit et gauche de notre cerveau. Aujourd'hui, la stimulation des acupoints de la tête et du haut du corps, en utilisant les 2 mains en même temps, remplit merveilleusement ce rôle et simplifie un peu plus encore la pratique de l'EFT.

La technique en 3 points

Attention, cette séquence en 3 points ne convient pas aux femmes enceintes ou susceptibles de l'être.

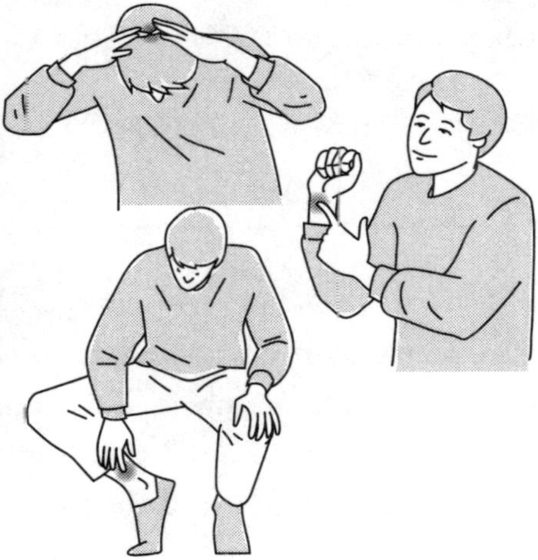

Michael Gandy a suivi les premiers séminaires de Gary Craig en testant l'efficacité des différents points à l'aide d'un appareil. Il intervenait quelques fois, notamment lorsque certains apaisements tardaient à se manifester.

À force d'observation et de tests, il a découvert une séquence permettant la stimulation des 12 méridiens principaux et des 2 méridiens curieux (vaisseaux conception et gouverneur) en seulement 3 points.

1 – ST ou sommet de la tête, premier point de la recette de base de Gary Craig. C'est un point très important en acupuncture puisqu'on l'appelle le point des 100 réunions. À cet endroit précis se croisent les méridiens de la vessie, de la vésicule biliaire, du triple réchauffeur, du foie et le vaisseau gouverneur.

2 – Le deuxième point est situé à l'intérieur des poignets. Posez 3 doigts sur votre poignet en partant du pli qui le sépare de la main et en remontant vers votre avant-bras à la rencontre des ligaments.

3 – Le troisième point se situe à l'intérieur des chevilles à 3 pouces de la malléole intérieure.

Comment les utiliser ?

Énoncez votre phrase préparatoire en tapotant le point karaté ou en massant les points sensibles. Puis vous répèterez votre phrase de rappel sur ces 3 points que vous stimulerez l'un après l'autre du plat de la main.

De la même manière que pour la séquence de base, réévaluez vos résultats et continuez jusqu'au niveau 0 de l'évaluation de la gêne.

L'EFT ne se limite pas à ces quelques pages. Le but de ce livre est d'aller au-delà de la seule technique, en explorant comment elle peut s'intégrer à votre quotidien.

Partie 2

« La vie, ce n'est pas
d'attendre que les orages passent,
c'est d'apprendre à danser sous la pluie. »
Sénèque

Comment tout a commencé ?

À l'âge de 7 ans, Léa fait sa rencontre avec l'EFT.
Au dîner, Christine, sa mère, remarque que sa fille semble préoccupée. Léa a appris que les parents de Marion, sa meilleure amie, vont se séparer. Marion est triste, car elle n'habitera plus jamais avec ses 2 parents dans la même maison. Pire même, elle pense, comme tout jeune enfant, qu'elle en est responsable. Marion répète sans cesse qu'elle ne comprend pas. Elle pense vraiment avoir fait tout son possible pour que ses parents soient contents d'elle. Elle se dit plutôt sage, même s'il lui arrive de faire crier son père.
Mais oui, voilà, c'est sans doute pour cette raison que Papa s'en va !

Léa est perturbée par ce que vit son amie. Elle imagine combien elle serait désemparée si elle devait vivre un tel drame. Christine lui propose une petite technique ludique le soir même, au moment de leur instant câlin.

Bien que cela puisse paraître bizarre de se tapoter en disant une phrase d'acceptation de soi avec son problème, Léa est à l'écoute. Christine lui parle de points magiques. Ces points ont le pouvoir de faire disparaître une colère, une peur, une douleur…

Curieuse, Léa demande :
« Et ça marche aussi quand on est triste ? »

Christine partage alors avec sa fille ce qu'elle sait de cette méthode et Léa adore. Elle bénéficie ainsi des bienfaits de l'EFT en quelques minutes et s'endort apaisée. Le lendemain, Léa se lève aussi joyeuse qu'auparavant. Désormais, ses états d'âme n'auront plus cette saveur amère qui durait de longues heures, et même des journées entières.

Elle est maintenant capable de retrouver sa sérénité en utilisant les points magiques, ce précieux cadeau transmis par sa maman. Un cadeau pour la vie !

« L'éducation ne se borne pas
à l'enfance et à l'adolescence.
L'enseignement ne se limite pas à l'école.
Toute la vie, notre milieu est notre éducation,
et un éducateur à la fois sévère et dangereux. »
Paul Valéry, *Variété II*

La séparation est une situation à laquelle les enfants sont aujourd'hui souvent confrontés, directement ou indirectement. Et bien que ce soit très courant, elle reste un sujet douloureux.

Même si cela paraît n'avoir aucun sens pour nous, adultes, l'enfant au cœur du drame conjugal a tendance à se sentir coupable. Cela s'explique simplement.

L'enfant ne peut encore réfléchir, rationaliser, relativiser, décider. C'est le rôle de notre cerveau préfrontal qui n'est pas suffisamment mature chez lui. Les neurosciences s'accordent à dire qu'il ne le sera pas complètement avant l'âge de 28 à 30 ans.
Ne vous y méprenez pas, il ne s'agit pas d'un retard ou d'un faible QI, mais simplement d'une immaturité liée au nombre de connexions neuronales encore insuffisantes. Bien entendu, cela n'arrive pas brutalement à 28 ans, mais se met en place progressivement. À chaque âge, un pas supplémentaire se fait vers une meilleure compréhension et une analyse plus fine de l'environnement.

Dans les premières années de sa vie, l'être humain est au bas de cette belle courbe de développement neuronal. De ce fait, l'enfant se sent concerné et impliqué par tout ce qui se déroule devant ses yeux. Il se sent fautif si ses parents se disputent, s'ils crient après un frère ou une sœur, si l'un des parents est contrarié par sa journée de travail, etc.

L'enfant ne voit que ce visage fermé qui vient vers lui. Il ne peut imaginer ce qui s'est passé avant, dans la journée de l'adulte.
Cela reste d'ailleurs notre premier réflexe, car nous réagissons tous instinctivement aux différents stimuli avant de les analyser. Comment vous sentiriez-vous si une personne entrait en riant aux éclats ? Et maintenant, quelle serait son influence sur votre humeur, si cette même personne arrivait en colère ?
À cet instant, notre humeur est liée à un instinct de survie bien rôdé, installé dans le cerveau émotionnel. Fort heureusement, il se met en alerte avant d'écarter officiellement tout danger potentiel, jouant parfaitement son rôle de gardien.

Bien sûr, la perception de l'environnement évolue en grandissant et nous pouvons parier qu'à 16 ans cet enfant aurait su, devant le visage fermé de l'un de ses parents, que ce n'était pas le meilleur moment pour demander un nouveau jeu pour sa console.

Le temps a passé. Les expériences se sont multipliées et avec elles, la pratique de l'EFT. Aujourd'hui, Léa a 37 ans. Elle est mariée à Vincent. Ils ont 2 superbes enfants : Lisa, 12 ans et Sam, 9 ans. C'est aux côtés de Léa et de sa famille, de ses amis et collègues que vous allez découvrir ce qu'est la vie avec l'EFT.

Léa à l'école primaire

Reprenons ici l'histoire de Léa à l'âge de 7 ans et voyons ce qu'elle a traversé avant de devenir elle-même adulte, femme et mère.

Léa raconte sa journée au moment du coucher

Depuis que Christine a montré les points magiques à Léa, elles ont décidé qu'elle ferait, chaque soir, le résumé de sa journée. C'est judicieux quand on sait que les problèmes des adultes ont leur origine dans l'enfance.

La mise en place est simple : Léa raconte ce qui s'est passé à l'école en tapotant chacun de ses points, en miroir avec sa maman. Ainsi, elle se libère de tous les « couacs » au fur et à mesure qu'ils se présentent. Elles repèrent aussi ceux qui méritent plus d'attention, comme ce fut le cas avec la séparation des parents de Marion.

Cela pourrait être :
Paul s'est fait disputer par la maîtresse et il a pleuré. J'étais triste pour lui.

« Même si je suis triste pour Paul qui s'est fait disputer par la maîtresse, je suis une gentille fille. »
« Même si je suis triste pour Paul qui a pleuré, je suis OK ! »

Lili avait mal au ventre. Elle a vomi. C'était vraiment dégoûtant. La maîtresse a dû tout nettoyer.

« Même si j'ai peur pour Lili qui a mal au ventre, je suis une bonne fille. »
« Même si je n'ai pas envie de m'approcher de Lili, c'est dégoûtant, car elle a vomi, je suis une fille géniale ! »

À la piscine, j'ai eu de l'eau dans le nez quand on a fait la bombe. Je n'ai pas aimé du tout. Ça m'a fait mal. Ça piquait fort.

« Même si j'ai peur quand l'eau rentre dans mon nez, je suis très forte ! »
« Même si j'ai mal quand l'eau me pique le nez, je suis très forte ! »
« Même si j'ai peur que l'eau revienne encore dans mon nez, je suis très forte ! »

L'autre avantage pour Léa est d'apprendre à partager ses états d'âme avec ses parents qui restent les mieux placés pour la protéger si le besoin s'en faisait sentir.

Léa a peur des piqûres

Les enfants reçoivent très tôt des vaccins. Même s'ils ne se souviennent pas de leurs premières piqûres, ils ne sont pas moins impressionnés à la vue d'une aiguille, et leur subconscient a pu enregistrer la sensation douloureuse du moment.

Les rendez-vous chez le médecin peuvent se préparer facilement, si chez vous ils sont source d'anxiété. Je conseille toujours en premier lieu que le parent inquiet s'occupe de la charge émotionnelle qui lui appartient avant de demander à son enfant de se tapoter.

Dans la grande majorité des cas, si l'adulte qui accompagne l'enfant est serein, tout se déroule habituellement pour le mieux. Attention, l'enfant perçoit quand on n'est pas sincère. C'est souvent l'anxiété que l'enfant ressent chez sa mère ou son père qui perturbe son sentiment de sécurité.

Si après avoir fait ce travail sur vous, il reste des crispations chez votre enfant, ce sera le moment de lui proposer quelques rondes d'EFT, afin qu'il soit lui aussi tranquille lors de cette visite.

Pour respecter l'ordre dans lequel vous interviendrez, je vous propose ces quelques phrases qui remettront le surplus d'émotion à sa place :

« Même si j'ai peur que Léa ait mal, je m'aime et je m'accepte complètement. »
« Même si je crains de ne pas être capable de rester zen, je m'aime et je m'accepte avec compassion. »

Une fois apaisé, vous pourrez alors tapoter avec votre enfant, si celui-ci est d'accord !

L'EFT respecte le désir de chacun et, fort heureusement, aussi celui des enfants.

Je garde le souvenir de cette petite fille pleurait à chaudes larmes chaque soir quand sa maman sortait avec ses amies.
La mère avait entendu parler de l'EFT et pensait arriver à faire changer sa fille.

Chers parents, si vous êtes dérangés par un comportement de votre enfant, profitez de l'apaisement que l'EFT peut vous apporter. Si votre enfant veut lui aussi traiter son mal-être, vous pourrez lui proposer quelques rondes d'EFT.

Notez que l'EFT ne sera pas aussi efficace si l'enfant n'agit que pour vous faire plaisir, sauf s'il travaille également sa frustration de vous donner la priorité.

Dit ainsi, ce n'est pas facile à entendre. Exiger que l'autre se plie à notre bon vouloir et réprime ses sentiments, ne favorise pas une vie en harmonie.

Votre objectif n'est-il pas de faire de votre enfant un adulte responsable, heureux, sachant se débrouiller dans la vie ? Je suis sûre que si !

L'EFT n'est pas une technique qui sert à prendre le pouvoir sur l'autre. Elle permet avant tout de vous apaiser dans n'importe quelle situation, même extrêmement grave. Avec l'EFT, vous ne changerez pas l'autre pour le façonner à votre goût. Vous pourrez cependant modifier votre propre vision d'une situation, aussi déplaisante soit-elle, car c'est de cela qu'il s'agit. C'est le regard sur ce qui nous arrive, qui rend digestes ou indigestes certains vécus.

Léa a peur des araignées

Dans ma pratique, lorsque j'ai rencontré des cas de peur des araignées, il y avait généralement un lien à faire avec l'un des parents, une mère trop anxieuse et hyper protectrice, par exemple. L'enfant réagit comme s'il était prisonnier de sa toile collante et envahissante.

Si vous avez l'impression d'être dans ce cas, n'hésitez pas à vous faire aider pour calmer vos propres angoisses. Vous serez ensuite bien plus heureux. Si vous ne vous reconnaissez pas dans cette description, voyez si votre enfant a vécu une histoire particulière avec des araignées qui pourrait lui avoir fait peur.

« Même si j'ai peur de cette araignée dans la baignoire, je suis cool ! »
« Même si j'ai peur d'une araignée qui marche vers moi, je suis OK ! »
« Même si j'ai peur de cette araignée noire avec son gros corps et ses pattes velues, je suis génial ! »

« Même si j'ai peur d'une araignée sur ma main, je suis un bon petit gars. »
« Même si je suis dégoûté quand j'entends le « crash » quand on écrase une araignée, je suis zen ! »

Léa a des difficultés avec les récitations

Léa a du mal à mémoriser ses récitations. Elle a tendance à user de synonymes pour certains mots. Elle ne comprend pas bien la différence et ne comprend pas pourquoi son institutrice ne les accepte pas.

Léa pourrait dire : « *Mais Maman, c'est à la maîtresse de faire de l'EFT, c'est elle qui ne m'accepte pas comme je suis !* »

C'est vrai que les règles des adultes sont souvent bien éloignées de la logique des enfants. Dans une récitation, on demande que chaque mot soit respecté à l'identique alors que dans d'autres situations, on encourage l'enfant à être créatif. C'est compliqué d'être un enfant dans un monde où l'on dit une chose et apparemment son contraire.

Le mieux est de voir avec Léa ce qui est le plus difficile pour elle. Est-ce de se confronter à ce qui lui paraît incohérent ou est-ce de ne pas se souvenir des bons mots ?

L'enfant pardonne facilement. Il oublie si on lui explique simplement ce que l'on souhaite et pourquoi il en est ainsi. Il aime faire plaisir et veut être aimé pour cela. La limite est délicate entre lui demander de faire quelque chose qui n'a d'intérêt que pour nous — comme dans le cas ci-dessus — et lui préciser que c'est une règle générale à respecter. Mais parce qu'il est important de traiter la frustration rencontrée dans ces moments, il est utile de trouver une solution acceptable pour tous.

Vous l'avez deviné, il s'agit de verbaliser, à l'aide d'une phrase, la gêne présente et d'appliquer la recette de base de l'EFT :

« Même si je n'arrive pas à retenir les bons mots de ma récitation, je suis OK ! »
« Même si j'ai peur d'oublier les bons mots de la récitation, je suis quelqu'un de bien. »
« Même si je suis agacée d'être obligée de dire ces mots-là plutôt que les miens, je suis cool ! »
« Même si je ne comprends pas pourquoi je n'ai pas le droit de dire mes mots à moi, je suis OK ! »
« Même si je ne vois pas la différence entre ces mots, ça veut dire la même chose, je suis quelqu'un de bien ! »

Et la dyslexie ?

Avec les enfants, l'idée est de rester le plus simple possible, au plus près de leur ressenti. Par chance, le mental n'est encore pas trop présent, les connexions neuronales se multipliant avec l'âge. La compréhension et l'analyse de l'enfant sont encore en construction, contrairement à celles de l'adulte qui vient régulièrement l'embrouiller. Cela rend la pratique de l'EFT d'une grande simplicité pour les enfants.

La seule question à se poser est : que se passe-t-il exactement pour lui ? Il ne reste plus qu'à mettre [Même si] devant le problème énoncé et une partie d'[acceptation de soi] ensuite.

« Même si les lettres bougent, je suis OK ! »
« Même si les lignes sautent, je suis une gentille fille ! »
« Même si je confonds les lettres, je suis géniale ! »

Léa fait du sport

L'EFT est utile pour tout : travailler sur nos émotions, notre présent, notre passé, notre appréhension d'événements à venir, mais aussi pour aider à augmenter nos performances. Cela demande d'être à l'écoute de nos ressentis émotionnels et corporels pour accomplir, par exemple, de bonnes activités sportives.

Qu'entendons-nous par ressentis émotionnels ? Dans le cas du sport, il est possible d'éprouver des peurs, comme celle de tomber et de se faire mal.

Les enfants craignent souvent de déplaire ou d'être l'objet de moqueries face à l'échec. Ils ont peur du regard de l'autre, de son jugement.
Redouter le regard de l'autre signifie que l'on y a déjà été confronté, directement ou indirectement. Si l'enfant a été témoin d'une raillerie envers l'un de ses camarades, il peut craindre que cela se reproduise. Dans ce cas, des phrases EFT comme celles-ci peuvent être utiles :

« Même si j'ai peur de ne pas réussir, je suis OK ! »
« Même si j'ai peur qu'on se moque de moi, je suis une bonne fille ! »
« Même si j'ai peur de tomber, je suis géniale ! »
« Même si j'ai peur de me faire mal, je suis super ! »

Mais peut-être que les muscles se raidissent ou se crispent au moment de sauter. Dans ce cas, il est important de s'intéresser au ressenti physique.

« Même si j'ai les mollets durs comme du bois, je suis quelqu'un de bien ! »
« Même si j'ai la boule au ventre, je suis super Léa ! »
« Même si j'ai les pieds qui restent collés par terre, comme s'ils étaient trop lourds pour réussir à les soulever, je suis une bonne fille ! »

Léa se foule la cheville au foot

Dès qu'elle a su se tenir debout, Léa s'est entraînée à donner des coups de pied dans un ballon. C'est avec son père, Éric, qu'elle a pris goût au football. C'est devenu leur moment à eux.

C'est tout naturellement que, plus grande, Léa a demandé à s'inscrire au club de foot féminin de sa commune. Elle est même devenue tellement passionnée par ce jeu qu'elle ne peut manquer un match.

Ce mercredi, Léa était fatiguée. Ses muscles tiraient. Elle avait perdu son assurance habituelle et sa cheville a lâché.
Paniquée, elle a tout de suite pensé à pratiquer l'EFT.

« Même si j'ai mal à la cheville, je suis OK ! »
« Même si ça me tape dans la cheville, je suis OK ! »
« Même si j'ai peur de ne pas pouvoir jouer le match de samedi, je suis zen ! »
« Même si j'ai peur d'avoir un plâtre, je suis une bonne fille ! »

Léa a été transportée aux urgences. Christine et Éric ont vite été rassurés. Ce n'était qu'une foulure. Quelques semaines de repos et tout rentrera dans l'ordre.

Si le diagnostic a tranquillisé les parents, Léa, elle, est terriblement inquiète. Comment son équipe va-t-elle pouvoir jouer samedi ? C'est un match important et tout le monde compte sur elle.

« Même si je suis inquiète pour mon équipe, je suis OK ! »
« Même si j'ai peur qu'on perde à cause de moi, je suis une fille cool ! »
« Même si je suis triste de m'être fait mal, je ne peux pas jouer avec elles, je suis géniale ! »
« Même si j'ai l'impression d'abandonner mon équipe, je suis une fille extra ! »
« Même si je suis triste que Papa et Maman ne comprennent pas comme c'est important pour moi, je suis une bonne fille ! »
« Même si je suis en colère qu'ils ne pensent qu'à ma cheville, je suis OK ! »

S'il est indispensable d'avoir une partie d'acceptation de soi, vous devez également veiller à ce que votre acceptation intègre le problème, ou au moins la possibilité d'envisager de vous accepter avec lui.
Retenez bien qu'on ne cherche jamais à détourner le problème, on veut le traiter.

Si vous faites de l'EFT avec votre enfant, vous devez prendre en considération sa vision de la situation, pas la vôtre. Vous pouvez être rassuré quant à la gravité de

la blessure de Léa, mais vous devez entendre qu'elle n'est pas satisfaite des conséquences que cela engendre. Rappelez-vous que chacun a son propre regard sur une situation et ce qui convient à l'un, n'est pas obligatoirement identique chez l'autre.
Nous avons tendance à penser raisonnablement, mais ce sont nos ressentis qui font que nous nous sentons bien ou mal. Le plus dur pour certains parents est d'accepter qu'ils ne savent pas mieux que leur enfant. Même si nous sommes dotés d'une belle empathie, il nous est impossible de nous mettre totalement à leur place. Simplement parce que nous ne sommes pas eux. Ils ne sont pas notre copie conforme. Et même dans ce cas, vous avez sans doute remarqué que vous n'aviez pas forcément la même réaction lorsqu'un même événement se produisait à 2 moments différents.

Nos expériences et notre environnement impactent notre mode de pensée qui évolue avec le temps. C'est aussi la raison pour laquelle nous n'éduquons pas 2 enfants exactement de la même manière, exception faite peut-être des jumeaux.

Dans la famille de Léa

Léa, comme la plupart des enfants de son âge, grandit au sein d'une famille où chacun doit gérer ses problèmes. Des événements peuvent venir modifier l'humeur de toute la maisonnée et notamment lorsque les parents s'inquiètent pour leurs parents vieillissants ou d'autres proches touchés par les accidents de la vie.

Tante Virginie a un cancer

Le père de Léa a appris que Virginie, sa sœur, a un cancer du sein. Sensibilisée par Christine, Virginie a demandé si l'EFT pouvait l'aider à traverser cette épreuve.

Il n'est pas de sujet, même grave, qui ne puisse bénéficier de cette technique, au moins pour un apaisement sur le court terme, renouvelable autant de fois que souhaité.

Virginie craint de perdre ses cheveux suite à la chimiothérapie qu'elle devra suivre. En outre, les seins et les cheveux sont des attributs de la féminité, cela touche à son image de femme.

En attendant d'approfondir son histoire en se faisant accompagner par un professionnel, Virginie peut déjà gérer ses craintes immédiates. Sa peur de ne pas supporter le traitement et de souffrir de ses effets collatéraux en est une. Tout comme celle de mourir.

« Même si j'ai peur de perdre mes cheveux, je m'aime et je m'accepte complètement. »

« Même si j'ai peur d'être malade avec la chimio, je suis OK. »

« Même si j'ai peur de ne plus ressembler à rien après cette opération, je m'aime et je m'accepte complètement. »

« Même si j'ai peur que mon mari ne veuille plus de moi, je m'aime et je m'accepte totalement. »

« Même si j'ai peur de ne pas voir grandir mes enfants, je suis super. »

« Même si j'ai peur de ne pas pouvoir m'occuper de mes enfants durant la maladie, je m'aime et je m'accepte complètement. »

« Même si j'ai peur du regard des autres, je m'aime et je m'accepte complètement. »

« Même si j'ai peur de susciter de la pitié autour de moi, je m'aime et je m'accepte complètement. »

« Même si j'ai peur d'être trop faible pour assurer un minimum de présence à la maison, je m'aime et je m'accepte complètement. »

Attention, il est important d'informer l'oncologue que vous utilisez une technique énergétique qui peut grandement diminuer, même supprimer totalement, les conséquences indésirables de la chimiothérapie. L'une de mes clientes s'est vue augmenter le dosage de ses médicaments, car elle ne présentait aucun des désagréments habituels.

Mamie est morte

Nous naissons et nous nous en allons. Ainsi va la vie. La mort fait aussi partie de la vie.
Quand elle touche nos anciens, on s'y attend davantage et elle nous paraît plus recevable. Mais cela n'empêche pas d'être affecté.

Il y a les dommages causés aux enfants à qui l'on cache parfois un décès en pensant les préserver. Imaginez ce que peut ressentir un enfant qui tout à coup ne voit plus sa grand-mère, sans qu'aucune explication ne lui soit donnée. Et qu'en est-il lorsque le sujet devient tabou parce que Maman a les yeux humides ?

Les jeunes enfants voient tout, rien ne leur échappe même s'ils ne sont pas en mesure de comprendre ou d'interpréter la réalité : qu'a-t-il fait de mal, lui qui s'applique à faire de son mieux ? Est-il puni ? Pourquoi plus personne ne parle de Mamie ? Pourquoi n'a-t-on plus le droit de parler d'elle ?

Les enfants saisissent plus facilement qu'une grand-mère, devenue très vieille, a terminé sa vie, alors que les adultes, empêtrés dans leurs émotions, y ajoutent des aspects non résolus du passé.
Si vous expliquez le cycle de la vie à un enfant, sans détour ni mensonge, il l'acceptera et passera à autre chose.

Beaucoup de deuils non faits, qui perturbent encore à l'âge adulte, sont dus à ce que l'on a caché un décès à l'enfant, en pensant qu'il était trop jeune pour vivre cette expérience.

Si vous craignez d'être maladroit, je vous recommande de lire *Padi et l'aventure de la vie*[11] pour aborder le sujet avec les enfants.

Papi a déjeuné avec Claudia Schiffer

Depuis que sa femme est décédée, il y a 3 ans, Papi n'est plus vraiment le même. Il est grincheux et a l'impression qu'on lui en veut, qu'on lui vole son argent. Il lui arrive même de raconter de drôles d'histoires. Hier, il a affirmé avoir dîner avec Claudia Schiffer et qu'en plus d'être belle, elle avait été très gentille avec lui !

Finalement, après avoir vérifié le programme de la télévision, Christine s'est aperçue que Claudia Schiffer avait été l'invitée d'une émission quelques jours auparavant. Elle a alors compris qu'il se passait quelque chose, d'autant que son père a tendance à oublier des faits récents comme ce qu'il a mangé une heure avant.

Christine l'a emmené consulter son médecin. Le diagnostic est tombé. Papi souffre d'un début d'Alzheimer. Dans un moment de lucidité, le sujet a

11. Amanda Castello, *Padi et l'aventure de la vie*, 2017.

pu être abordé avec lui. Papi est terrorisé par ce mot « Alzheimer ». Il a peur de perdre la tête et de devenir une charge pour sa famille.

Dans cette situation, l'EFT peut apporter une aide précieuse, par exemple, apprivoiser ce mot qui fait tellement peur.

« Même si j'ai peur du mot « Alzheimer », je m'aime et je m'accepte complètement. »
« Même si j'ai peur de perdre la tête, je m'aime et je m'accepte complètement. »

Pour avoir accompagné plusieurs personnes souffrant d'Alzheimer et leur entourage, je peux affirmer aujourd'hui que l'EFT est utile pour les aider à accepter ce terme, source d'angoisse. L'EFT permet également à la personne affectée par ce mal d'éviter de reposer la même question de façon répétitive, ce qui soulage aussi les proches. Elle facilite aussi la récupération des mémoires récentes : si on a mangé ou pas encore, quel a été le menu, etc.

« Même si j'ai peur de donner du travail à mes enfants, je m'aime et je m'accepte complètement. »
« Même si je ne veux pas être une charge pour mes enfants, je m'aime et je m'accepte complètement. »
« Même si je ne me souviens pas si j'ai mangé ce midi, je m'aime et je m'accepte complètement. »

Là aussi, il est important de faire un travail sur soi, car l'agitation et la préoccupation de la famille sont fortement perçues par le malade. Plus vous serez calme et dans l'acceptation d'une situation que vous ne pouvez changer, plus la personne chère que vous accompagnez le sera. L'EFT est votre premier recours pour affronter cette douloureuse situation.

Katel ne veut plus aller à l'école

« Soit A, un succès dans la vie.
Alors A = x + y + z,
où x = travailler, y = s'amuser, z = se taire. »
Albert Einstein, *The Observer*

Depuis quelque temps, Katel, la cousine de Léa, ne va pas très bien. Chaque jour, au moment de partir à l'école, elle se plaint de maux de ventre intenses et passe de longs moments aux toilettes. Chaque matin, c'est la course, et la pression monte pour Mathilde, sa mère, par crainte d'être en retard à son travail.

Le médecin consulté a écarté tout problème médical. Il a conseillé de dialoguer avec Katel qui est la mieux placée pour savoir ce qui se passe depuis ces dernières semaines.
Mathilde a tenté de lui parler à plusieurs reprises, mais trop souvent entre deux portes alors que ce type de

difficulté demande un vrai moment où l'on puisse se poser ensemble. C'est finalement un soir, au coucher, qu'elle a su se rendre disponible. Katel, enfin en confiance, a réussi à ouvrir son cœur et à exprimer son mal-être. Mathilde lui a demandé de raconter ce qu'elle avait fait dans sa journée, si elle avait des copines à l'école, si elle arrivait à se détendre durant les récréations, si les grands étaient sympas.

C'est ainsi qu'elle a découvert, stupéfaite, que sa fille s'était fait chahuter par des garçons de CM2. Les grands l'avaient coincée à 3 pour la bousculer et se moquer d'elle.

Elle n'osait pas en parler par peur qu'ils ne deviennent encore plus méchants, comme ils avaient menacé de le faire.

Là encore, l'EFT a su faire la différence. Elle a permis de gérer cette situation de main de maître.

Mathilde a travaillé chaque parole déplacée et chaque instant douloureux durant la récréation. En choisissant la situation vécue la plus difficile pour Katel, elle a obtenu un effet de généralisation sur toutes les autres, moins intenses.

« Même si je suis triste qu'ils me traitent de « pétard », je ne sais même pas ce que ça veut dire à part que ça les fait bien rire, c'est forcément quelque chose de méchant sur moi, c'est sûr, je suis une fille géniale. »

Cette phrase, qui pourrait vous paraître longue, ne fait que préciser le ressenti de Katel. Ce n'est pas « pétard » la vraie source de son trouble, mais plutôt la manière dont ces garçons le lui ont dit. Katel a été blessée qu'on se moque d'elle.

« Même si j'ai peur de voir les grands à la récré, je m'accepte comme je suis. »
« Même si j'ai peur qu'ils me donnent des coups pieds dans le ventre, je suis une bonne fille. »
« Même si j'ai tellement peur que ça soit pire si j'en parle à la maîtresse, je suis super ! »

Après avoir traité les peurs et la tristesse, puis le mot « pétard » qui semblait être la moquerie extrême, la colère s'est envolée d'elle-même. La jeune fille riait et paraissait détachée de cette histoire, son histoire, qui jusqu'à présent la terrorisait. Lorsque Mathilde a lancé à sa fille « pétard ! », elle a compris que c'était terminé.

Le plus drôle reste la réaction des garnements lorsqu'ils l'ont de nouveau appelée « pétard » et que Katel a explosé de rire. Ils l'ont laissée tranquille à jamais. Cette insulte n'avait plus aucune prise sur elle. Katel, devenue imperméable à leur sarcasme, ne les intéressait plus.

Tout s'est fait en douceur et Mathilde n'a pas eu besoin d'intervenir à l'école, au risque d'envenimer la situation comme le craignait Katel.

Si votre enfant, un jour, ne veut plus aller à l'école, le plus souvent, ce n'est pas parce qu'il n'aime pas l'école, mais plutôt à cause de ce qui s'y passe.
Gardez à l'esprit qu'il peut avoir peur des représailles s'il en parle, cela vous aidera à aborder le sujet avec plus de subtilité. Et surtout, apaisez-vous d'abord avant de lui proposer votre aide. Il est important d'offrir le comportement le plus adapté à ses besoins.

Les années collège

L'entrée au collège

Elle peut être une véritable épreuve pour les jeunes, notamment pour ceux qui craignent le changement. Ils ont besoin d'être rassurés.

Arriver au collège, c'est se sentir perdu dans un endroit noyé de monde. C'est quitter un professeur des écoles retrouvé chaque jour dans la même classe, et rencontrer maintenant plusieurs professeurs, ayant chacun leur personnalité. C'est changer de salle toutes les heures ou presque, avec le risque de se perdre dans les couloirs ou d'être la cible des farces des plus grands.

Le collège est un lieu regroupant des enfants de nombreuses écoles primaires, avec parfois la désagréable surprise de se trouver dans une classe où on ne connaît personne.

Parfois, les parents tentent de limiter le risque que leur enfant se trouve dans une « mauvaise classe » en l'inscrivant dans une section « latin ». Cette matière demande un travail supplémentaire que le jeune n'a pas toujours la force d'assumer.
C'est parfois ce calcul qui fait que l'enfant se trouve seul. Et l'argument qu'il pourra rencontrer ses amis entre les cours ne tient pas longtemps, surtout quand l'établissement s'étend sur plusieurs hectares.

Lorsque Léa rejoint le collège, c'est ce qui lui arrive. Elle ne retrouve aucun de ses amis de primaire. Cela aurait pu être la panique si Christine ne lui avait pas proposé, avant la rentrée, de visiter en EFT toutes ses craintes liées au changement d'école.
Cette méthode vous permet de travailler aussi bien sur les reliquats désagréables du passé que sur les appréhensions d'événements à venir. L'impact est majeur, car le cerveau ne fait pas la différence entre ce qui est vécu et ce qui est imaginé. En conséquence, grâce à l'EFT, la situation devient du « déjà vu » avec cette notion sympathique que vous la gérez parfaitement, puisque chaque aspect inquiétant aura été traité.

« Même si j'appréhende la rentrée au collège, je m'aime et je m'accepte complètement. »
« Même si j'ai peur de me retrouver seule dans ma classe au collège, je m'aime et je m'accepte totalement. »
« Même si je crains d'être séparée de mes amis en 6e, je m'aime et je m'accepte profondément. »
« Même si ma mère a insisté pour que je fasse du latin et que je déteste cette idée, je m'aime et je m'accepte complètement. »
« Même si je vais avoir encore plus de devoirs à cause du latin, je verrai encore moins mes amis, je m'aime et je m'accepte totalement. »
« Même si j'ai peur de me perdre dans le collège en cherchant ma classe à chaque changement d'heure, je m'aime et je m'accepte complètement. »
« Même si j'ai peur de me sentir totalement perdue dans cette classe sans personne que je connais, je m'aime et je m'accepte profondément. »
« Même si j'ai peur de ne pas m'intégrer au collège, je m'aime et je m'accepte comme je suis. »

D'après mon expérience, les années collège sont la période la plus délicate pour les jeunes. Ils se veulent grands et souhaitent assumer pleinement leur vie sans en avoir encore totalement les moyens. Plus que jamais, l'EFT les épaulera.
C'est aussi la période de la vie pendant laquelle ils y sont le plus réfractaires. N'hésitez pas à leur proposer

l'EFT dans le cadre d'un accompagnement que vous délèguerez à un professionnel.

Marion a des règles douloureuses

Marion, l'amie de Léa, souffre, comme beaucoup d'adolescentes, plusieurs jours par mois. Pour certaines, c'est au moment de l'ovulation, pour d'autres c'est 1 à 2 jours avant les règles et pour d'autres encore, c'est dans les deux cas.

J'ai remarqué, lors de différentes situations en consultation, que l'image que l'on a de la femme ou des règles influence beaucoup nos réactions quand celles-ci surviennent.
L'EFT vous aidera contre les sensations et les symptômes physiques.

« Même si j'ai mal au ventre quand j'ai mes règles, je suis OK. »
« Même si j'ai la barre en travers des reins quand j'ai mes règles, je suis OK. »
« Même si je suis pliée en deux quand j'ai mes règles, je suis quelqu'un de bien. »
« Même si je n'aime pas sentir que ça coule, je m'accepte comme je suis. »
« Même si j'ai peur que ça traverse, je m'aime et je m'accepte complètement. »

« Même si j'ai peur que ça coule à côté et que ça se voit, je m'accepte comme je suis. »
« Même si j'ai peur d'en mettre partout, je m'aime et m'accepte complètement. »

Très souvent, ce travail sur les ressentis physiques permettra d'apaiser la jeune fille et suffira. Dans d'autres situations, il faudra approfondir, et même faire des liens avec le passé.

Marion a très mal vécu la séparation de ses parents. Elle est toujours remontée contre son père qui, pour elle, a abandonné sa mère lorsqu'elle était encore petite. Sa représentation maternelle est donc celle d'une femme qui pleure. Les règles la confrontent à sa position future, une situation douloureuse puisqu'une femme peut être abandonnée et souffrir.

« Même si je pense que Papa a abandonné Maman quand j'étais petite, je suis une bonne fille. »
« Même si j'en veux à Papa, il est parti, il nous a laissées avec Maman, je suis une bonne fille. »
« Même si je n'ai pas envie de devenir une femme comme Maman, je suis quelqu'un de bien. »

Comme toujours, chaque phrase proposée est à travailler si elle vous parle, si elle correspond bien à votre ressenti. Vous pouvez même la remanier pour la personnaliser, tout en respectant sa construction.

Même si
[description de l'aspect du problème],
[phrase d'acceptation de soi].

Il arrive que certaines jeunes filles n'aient pas été informées de ce que sont les règles. Dans ce cas, c'est la surprise totale avec une panique liée à la perte de sang.

Myriam avait appris accidentellement par la copine de son frère aîné que les menstruations étaient une « galère » vécue chaque mois par les filles. La copine avait tellement insisté sur les désagréments que Myriam a accueilli ses premières règles avec un sentiment de rejet.

« Même si j'ai mal au ventre à l'approche de ce truc pas sympa, les règles, je suis une bonne fille. »
« Même si elles sont à nouveau là, je suis quelqu'un de bien. »
« Même si beurk, il y en a encore pour 5 jours de ce truc dégoutant, je suis une bonne fille. »
« Même si je n'ai pas envie d'être une femme quand je dois vivre cela tous les mois, je suis une bonne jeune fille. »
« Même si je trouve que ce n'est pas juste que les garçons eux, ne soient pas embêtés comme nous, je suis une bonne fille. »

L'adolescence est une période de la vie où les 2 sexes se comparent. Certaines jeunes filles pensent que les garçons ont tous les droits et qu'ils sont plus libres. Les parents de leurs amis leur paraissent plus permissifs, plus indulgents à leur égard. Elles, elles doivent déjà bien se tenir. La nature vient également souligner ces différences.

Loïc et sa phobie de vomir

Léa et Loïc se sont rencontrés en 5e. Très vite, Léa a remarqué que Loïc n'était pas très à l'aise dans la classe. Les adolescents de leur collège sont passionnés de films d'horreur et d'entourloupes pour faire rire les copains. Loïc, lui, est plus réservé, hypersensible à l'injustice, curieux, passionné de sciences, il aspire à la sérénité. Au collège, être différent peut présenter un risque : certains adolescents deviennent des boucs émissaires, surtout lorsqu'ils ne sont pas de nature bagarreuse. Pour un groupe d'adolescents, il est facile d'avoir le dessus sur ce genre d'enfants, plus calmes.

Depuis quelque temps, Loïc se plaint de nausées et rencontre quelques difficultés à se lever pour aller au collège. Il faut dire qu'il n'est pas très intéressé par ce qu'il y apprend. Il s'ennuie. Qualifié de haut potentiel, il ne s'intègre pas au groupe, trop éloigné de ses valeurs. Il paraît fragile.

Même si ses parents sont à l'écoute, ils sont désarmés. Leur fils n'a jamais été sujet à cette manifestation digestive et ils ne comprennent pas pourquoi il est à ce point inquiet de vomir.
Les nausées de Loïc se sont amplifiées et se sont transformées en un syndrome phobique : peur de vomir quel que soit l'endroit où il se trouve, y compris tranquillement chez lui, peur d'écœurer l'entourage, peur qu'ils soient obligés de nettoyer à sa place… De multiples peurs se sont manifestées et rendent le quotidien de Loïc extrêmement difficile.
Loïc a également beaucoup de mal à en parler, notamment avec ses parents. Il craint que cela conduise à une discussion entre ses parents et le proviseur qui aggraverait, à ses yeux, le comportement des persécuteurs.

Si j'évoque ce sujet dans ce livre, c'est que ce type de situation est de plus en plus courant. En effet, les « zèbres[12] » et autres enfants « différents » sont nombreux dans nos écoles. Ils ne trouvent pas toujours l'aide adaptée à leurs besoins, qu'ils ont parfois beaucoup de mal à exprimer. Dans une peur comme celle de Loïc, l'inconscient perçoit un danger et l'amygdale se met en alerte. Si cet avertissement n'est pas entendu, il met

12. Le zèbre est décrit par Jeanne Siaud-Facchin, comme un animal qui se fond dans le paysage tout en restant différent du cheval. C'est le terme qu'a choisi Jeanne Siaud-Facchin, auteure de nombreux ouvrages sur les « hauts potentiels », pour évoquer les enfants surdoués, sans cette connotation négative qui indiquerait qu'il y ait aussi des sous-doués.

en place la réponse qui lui semble la mieux adaptée. Dans le cas d'angoisses persistantes, la solution de survie inclut toute mesure jugée apaisante, fussent-elles vécues comme plus contraignantes encore.

Vous pouvez utiliser l'EFT tout seul, notamment sur les symptômes et la gestion ponctuelle des émotions, mais ce type de problème demande un véritable accompagnement d'un professionnel de santé. Cette phobie de vomir cache un mal-être important qui peut dégénérer s'il n'est pas sérieusement pris en considération. C'est la raison pour laquelle je ne donnerai pas d'exemples de phrases pour ce sujet, afin que vous consultiez au plus vite un médecin.

Si votre enfant semble se traîner, ne veut plus aller à l'école, devient sélectif quant au choix de ses aliments ou déclare trop souvent avoir des nausées et ne pas avoir faim, il est urgent de consulter !
Comme dans le cas de soucis digestifs, les nausées démontrent un trop-plein dont il est difficile de prévoir s'il sera digéré ou rejeté par un vomissement. Mon expérience me permet d'affirmer que cette problématique n'évolue pas spontanément vers une amélioration.

Léa, qui avait imaginé que Loïc souffrait d'une maladie cardiaque puisqu'il disait avoir mal au cœur, a été ravie de le retrouver après seulement 1 mois d'absence. Grâce à un suivi EFT bien mené, conjointement aux visites chez un pédopsychiatre, Loïc a repris le cours de sa vie.

Par une intervention rapide, vous éviterez que le trouble évolue vers des subterfuges créés par le subconscient, comme les rituels des TOC[13] souvent mis en place pour conjurer le mauvais sort.

Comment accepter ses imperfections physiques ?

« Dans la vie, y'a pas de grands, y'a pas de petits.
La bonne longueur pour les jambes,
c'est quand les pieds touchent par terre. »
Coluche, *L'Étudiant*

Si Léa est une amie respectueuse de chacun, il n'en est pas toujours de même autour d'elle. Notamment au collège où les jeunes, qui peaufinent leur affirmation d'eux-mêmes, ne sont pas tendres entre eux.
C'est une période difficile. Les adolescents ne sont plus des enfants, mais pas encore des adultes. Ils doivent se frayer un chemin dans la vie. L'EFT sera là pour les accompagner, quelles que soient les embûches qu'ils vont rencontrer sur leur parcours.

13. Troubles Obsessionnels Compulsifs.

Bastien a beaucoup d'acné

Bastien subit les désagréments de la puberté. Outre sa grande timidité, il souffre d'acné.

Pour certains adolescents, ce ne sont que quelques traces sur les joues, pour d'autres, ce sont de nombreux boutons qu'il est impossible d'ignorer. Cela devient difficile à vivre au quotidien et peut compliquer les relations.
Chez les jeunes que j'ai accompagnés, j'ai remarqué que certains avaient une mauvaise estime d'eux-mêmes. À un moment où ils sont en bataille avec leur image, l'acné, notamment sur le visage, vient accentuer ce mal-être en créant une difficulté supplémentaire à progresser dans leur travail d'acceptation.

L'idée que l'on peut être moins enclin à se précipiter vers une personne couverte de boutons que vers une autre dotée d'une jolie peau favorise sans doute le malaise. Mais la mésestime de soi n'est pas toujours consécutive à l'acné. Pour en vérifier la cohérence, il est important de se replacer avant la puberté pour s'assurer qu'elle n'était pas présente avant l'apparition des boutons.
L'EFT ne fera pas disparaître l'acné, mais la rendra acceptable. Ne se focalisant plus sur ses boutons, l'adolescent les oubliera presque, et cela l'apaisera. Il

sera alors moins tenté de les toucher et ils sécheront plus vite.

Ceux qui souffrent de dysmorphophobie[14] fonctionnent de la même manière. Que l'imperfection soit réelle ou non, la personne en devient obsédée et cette perception défectueuse d'elle-même conditionne son comportement et ses relations.
Lorsqu'il s'agit d'un ado, les parents ont tendance à minimiser l'impact du regard qu'il pose sur lui-même. Cette attitude n'arrange rien, le jeune se sent alors incompris. Il pense que sa réalité est mise en doute.

« Même si j'ai de l'acné sur le visage, je m'aime comme je suis. »
« Même si j'ai des boutons plein le visage, je m'accepte comme je suis. »
« Même si je ne supporte pas tous ces spots, je m'accepte avec compassion. »
« Même si je ne peux m'empêcher de triturer ces boutons, je m'aime comme je suis. »
« Même si j'ai besoin de percer ces boutons, je m'aime comme je suis. »
« Même si je me sens dégoûtant avec ces spots, je m'accepte avec compassion. »

---

14. La dysmorphophobie est une pathologie liée à l'angoisse démesurée d'être laid ou de présenter un défaut corporel.

« Même si je me sens mal quand on me regarde avec un air dégoûté, je m'accepte comme je suis. »
« Même si j'ai peur de garder des marques, je m'accepte complètement. »
« Même si j'ai peur de ne jamais m'en débarrasser, je m'accepte totalement. »

Bien que l'EFT soit une bonne idée pour aider le jeune à s'accepter avec bienveillance, il est utile de rappeler que l'auto-traitement ne s'inscrit qu'en complément d'une visite chez le médecin qui évaluera s'il est nécessaire de consulter un spécialiste. En plus de recevoir les conseils avisés d'un professionnel, votre enfant appréciera d'être soutenu par l'attention portée à sa souffrance.

Fathia n'aime pas son corps

Fathia était déjà en difficulté avec son ventre rond et ses fesses rebondies. Aujourd'hui, elle a du mal à gérer son mal-être, d'autant qu'il lui semble attirer encore plus les regards qu'auparavant. Ses nouvelles formes, pourtant bien dissimulées sous des vêtements amples, la désolent.

Bien que le regard de l'autre compte moins que celui que l'on porte sur soi, Fathia n'en est pas moins désemparée.

Mais elle peut réussir, avec l'aide de l'EFT, à se voir simplement comme elle est, sans jugement, sans se comparer aux autres. Cela aura obligatoirement un impact sur ses relations avec ses pairs.

« Même si je n'aime pas mes grosses fesses, je m'accepte sans jugement. »
« Même si je ne peux pas m'accepter avec mes grosses fesses, je m'accepte totalement. »
« Même si je suis triste que les garçons se moquent de moi, je m'accepte complètement. »
« Même si j'ai peur de ne jamais arriver à perdre ce ventre, je m'accepte comme je suis. »
« Même si j'ai trop honte en maillot de bain, je m'accepte totalement. »
« Même si je suis en colère à cause de leurs réflexions, je m'accepte totalement. »
« Même si j'ai de la haine quand ils me traitent de baleine, je m'accepte totalement. »
« Même si j'en ai ras le bol de toutes ces formes, je m'accepte comme je suis. »
« Même si je ne peux plus me voir dans un miroir, je m'accepte complètement. »

S'il n'est absolument pas recommandé de mettre un jeune, enfant ou adolescent, au régime sans contrôle médical, il peut être utile de l'amener à découvrir les bases d'une alimentation équilibrée. En revanche, les régimes sans supervision médicale et psychologique peuvent causer un effet yoyo[15] sur le poids et accentuer une situation dépressive du sujet.

À l'adolescence, il est préférable que cet enseignement soit prodigué par un professionnel plutôt que par un membre de la famille auquel il sera plus tentant de s'opposer. Car c'est bien auprès de ceux dont on est sûr d'être aimé, qu'il est aisé de s'affirmer sans risque d'être rejeté.

De plus, il est sage de ne pas déclencher un conflit autour de la nourriture, car les troubles alimentaires découlent souvent d'un sentiment d'abandon et de non-amour. La notion de privation associée à un régime improvisé par l'adulte pourrait renforcer le phénomène.

Marion perd ses moyens pendant les examens

Si Léa a abordé la période d'examen avec une appréhension de dernière minute, la veille des épreuves, Marion elle, a dû sérieusement s'y préparer.

Chaque année, des milliers d'élèves passent leurs examens en souffrant de troubles du sommeil ou de maux de ventre. Le sujet est suffisamment répétitif et commun pour que l'on s'y attarde un instant.

---

15. On appelle « effet yoyo » l'alternance de perte et prise de poids que l'on retrouve immanquablement dans les régimes qui n'incluent pas de prise en charge des causes psycho-émotionnelles à l'origine du dysfonctionnement.

Le Brevet des collèges se déroule généralement dans l'établissement habituel de l'élève. Cela supprime une source d'anxiété comme la peur de se perdre dans les locaux.

Dans la majorité des cas, le problème de réussir ou d'échouer est plutôt lié aux exigences de l'étudiant et de ses proches.
Même quand les parents n'ont jamais critiqué ou commenté les notes de l'étudiant, ce dernier peut quand même se sentir stressé. S'il fait partie de ces personnes qui ont besoin d'être stimulées, d'être au centre de l'attention, en bien ou en mal, il peut penser que le manque de retour de la part des siens est une marque d'indifférence, même si ses parents ne veulent que lui laisser la responsabilité de ses résultats.

Le contexte est un élément clé pour traiter la peur des examens. Il est donc indispensable de se remémorer le fonctionnement du jeune enfant toujours en quête de faire plaisir à ses parents.
Si un parent ne porte jamais attention aux réussites de son enfant, mais se contente de mettre en évidence ce qui ne va pas, le message perçu pourrait bien être : « *Je ne suis pas assez bien !* », « *Je suis un bon à rien !* », « *Je ne fais jamais comme il le faut !* », « *Ce n'est jamais assez bien !* »

Pire encore, s'il a entendu des paroles comme : « *Tu n'arriveras jamais à rien !* », « *Regarde ton frère, lui, il s'en sort au moins !* », « *T'es vraiment trop nul, mon pauvre gosse !* », « *T'es aussi ignorant que ton père !* »

Malheureusement, ces situations existent.
Que ces affirmations soient dues à une interprétation ou à des phrases entendues dans l'enfance, elles fabriquent des perfectionnistes jamais satisfaits. Ce désir de perfection peut mener à la procrastination. L'enfant remet sans cesse à plus tard la réalisation d'un objectif, il repousse inconsciemment le moment du jugement qu'il redoute.

En période d'examens, l'échéance ne peut être reportée. C'est là que surgissent les maux de ventre, les spasmes avec des envies impérieuses de se rendre aux toilettes qui compliquent la situation lors des épreuves. Une bonne préparation peut permettre de mener à bien cette mission et réduire à néant ces embarras.
Aidez votre enfant à faire le point sur ses exigences en lui proposant quelques questions pour favoriser une prise de conscience de ce qui le dérange :

« *Est-ce une matière que tu n'aimes pas ?* », « *As-tu peur de quelque chose ?* », « *Que se passerait-il si tu échouais ?* »

Avant d'avoir effectué ce long travail sur moi-même en EFT, j'avais tendance à prodiguer des conseils quand mes enfants me parlaient de leur problème. Grâce à l'EFT, j'ai pris de la distance. Il n'est pas nécessaire que vous supervisiez cette étape qui peut être délicate pour un adolescent, en mal d'affirmation de soi. Il est simplement utile de lui rappeler que vous êtes disponible pour lui. Vous lui offrez une piste pour réfléchir à sa problématique et il reviendra vers vous s'il en éprouve le besoin.

Une personne qui vous parle veut juste que vous l'écoutiez, à moins qu'elle ne vous ait explicitement demandé votre avis. Et cela est aussi valable pour vos enfants. C'est l'une des raisons pour lesquelles vos adolescents préfèrent se confier à leurs amis.

Ayant expérimenté l'EFT très tôt et tout au long de sa vie, Léa a donc proposé d'aider son amie, qui a le même âge et doit, elle aussi, passer son examen.

« Tu es effrayée par cet examen. De quoi as-tu vraiment peur ?
— J'ai peur de le louper !
— Mais pour le moment, tu ne l'as pas encore passé. Y a-t-il quelque chose qui te dérange avant de le passer ?
— Oui, j'ai peur de ne pas arriver à réviser tout le programme. Le temps passe tellement vite. Puis il y a des sujets que nous n'avons pas abordés en classe et qui ne le seront pas, faute de temps. Et il y a ceux que je n'ai toujours pas compris.

— OK ! Es-tu d'accord avec moi pour dire que tu ne peux pas inventer de réponses pour les sujets que tu n'as pas étudiés ? En quoi cela te dérange-t-il vraiment ?

— Si je ne peux pas répondre, je risque d'avoir une note éliminatoire ou pas assez de points pour obtenir mon Brevet.

— Et, que se passerait-il si tu ratais ton Brevet ?

— Je devrais redoubler…

— Et en quoi est-ce dérangeant ?

— Si ce n'est le fait que ça m'embêterait de refaire cette année… je décevrais mes parents et je ne saurais plus où me mettre. C'est la honte quand même !

— Comme tu le sais, il y a plusieurs manières de traiter ce problème en EFT. Je peux t'aider pour tes ressentis actuels. Pour approfondir le sujet, l'idéal serait de voir un praticien professionnel qui t'aiderait à te défaire de la peur de décevoir, d'être jugée, et te libérerait de ce sentiment de honte. Veux-tu que l'on essaye ?

— Oui, je veux bien !

— Il nous faut d'abord évaluer le sentiment de gêne pour chacune de tes réponses. Peux-tu les noter ici ?

1. J'ai peur de ne pas avoir le temps de revoir tout le programme = 8
2. J'ai peur de tomber sur un sujet que je ne connais pas, que je n'ai pas compris ou pas vu en classe = 5
3. J'ai peur d'avoir une note éliminatoire = 8

4. J'ai peur de ne pas avoir assez de points pour obtenir mon brevet = 6 »

« — La note la plus élevée est donc 8 et tu as 2 phrases à 8. Si tu ne craignais pas d'avoir une note éliminatoire, serais-tu moins préoccupée de ne pas avoir le temps de tout réviser ?
— Oui, ça me paraît logique ! En fait c'est ça, j'ai vraiment peur de me trouver face à cette sanction pour laquelle je ne peux rien faire.

Maintenant que c'est plus clair, Léa connaît les aspects qu'il est judicieux de travailler pour que Marion se détende, neutralise ses inquiétudes. Son amie n'entreverra plus seulement l'échec, et reprendra possession de ses capacités.

« La vie m'a appris que si je fais de mon mieux, je n'ai aucune raison de me sentir coupable de quoi que ce soit. »

En éliminant les 4 aspects énumérés ci-dessus, même si Marion n'arrivait pas à réussir son examen, elle ne serait pas anéantie comme elle le soupçonnait.
En effet, en travaillant ses craintes, Marion s'ôte la pression de l'échec, lui donnant accès à toutes ses facultés pour passer ses épreuves.

> L'EFT n'est pas une baguette magique qui efface ce qui vous déplaît.
> L'EFT vous permet d'accepter ce qui est !

En effet, ce qui est existe : vous ne changerez pas ce qui est factuel. Néanmoins, il est possible de modifier votre vision de la situation, ce qui impactera obligatoirement votre ressenti.
Prenons un exemple simple : celui du verre à moitié plein ou à moitié vide. Les personnes ayant tendance au pessimisme le verront à moitié vide et prédisposés à se vider. Les personnes optimistes, au contraire, le considèreront à moitié plein et penseront qu'il a toutes les chances de continuer à se remplir. Le but de l'EFT n'est pas de disserter sur le vase à moitié plein ou à moitié vide. Cette appréciation dépend de multiples considérations (humeur, sentiment face à l'objet…). L'EFT vous amène à voir que ce vase de 1 litre contient actuellement 500 millilitres d'eau. Il vous reste à décider ce que vous ferez de cette eau. Ce qui rend les choses beaucoup plus simples.

J'insiste sur la confusion, source d'une erreur largement répandue et entretenue, notamment par les praticiens enclins à ajouter du positif dans la formulation des phrases de préparation. En affirmant du positif dans leurs phrases, ils pensent tromper le subconscient, mais, de fait, ils ne trompent qu'eux-mêmes. L'EFT a été conçue pour traiter les problèmes, et non pour les détourner. N'hésitez pas à revoir les fondamentaux sur la construction des phrases (voir p. 26), c'est la clé de voûte qui influencera votre pratique de l'EFT.

Les années lycée de Léa

Bien que Léa ait une vie assez sereine et facilitée grâce à la bonne gestion de ses émotions, nul ne peut affirmer avoir travaillé sur tout ce qui génère des réactions désagréables. D'autant que certains éléments bien présents dans notre mémoire cellulaire se situent en dehors de nos souvenirs mentaux. Je pense notamment à notre vécu intra-utérin, à la naissance ou à tout ce qui s'est passé avant notre entrée à l'école. Je prends l'école en référence car pour la plupart, c'est le premier souvenir conscient des personnes que j'ai accompagnées.

Nous avons tous des foules d'événements qui nous ont marqués, mais il n'est pas pour autant nécessaire de tous les travailler. À moins d'avoir vécu des épisodes très graves dans votre histoire personnelle pour lesquels une attention particulière est requise, c'est au jour le jour que je vous invite à avancer.
Les événements de votre vie seront l'occasion d'approfondir et de traiter chaque aspect de votre passé, parfois encore teinté d'émotions indésirables. Le

travail réalisé au fil du temps vous fera côtoyer de plus en plus souvent une saine tranquillité dans les situations qui vous faisaient réagir auparavant.

Le premier amour de Léa

Les premiers amours sont une porte ouverte aux déceptions amoureuses. Mais il est vrai que l'on se souvient longtemps du premier amour.

Comme beaucoup de jeunes de son âge, Léa imaginait que sa rencontre avec son prince charmant marquerait le début d'une histoire qui durerait toute la vie. Même si elle a conscience que chaque jour des couples se séparent, elle ne s'attendait pas à ce que cela se produise si rapidement. Quand, 3 mois plus tard, son prince a succombé aux charmes d'une autre, Léa a été perturbée et sa joie de vivre s'est étiolée.
Que s'est-il passé ? Quel épisode de sa vie vient d'être ranimé par ce premier amour brisé ?

Pour vous qui connaissez désormais Léa depuis son enfance, vous penserez que le divorce des parents de Marion était probablement à l'origine de ce ressenti souffert. Mais ce fait avait été aussitôt évoqué avec Christine, sa maman, et traité en EFT.

L'utilisation de l'EFT sur un événement vécu dans l'instant traite cet événement, mais n'empêche pas qu'il se reproduise tant que l'origine de la perturbation n'a pas été étudiée et domptée. Le problème qui en découle sera neutralisé en totalité lorsque tous les aspects auront été travaillés.

Comme pour chacun des sujets que vous aborderez, il n'y a pas qu'une seule piste pour tous, mais la piste en adéquation avec la personne concernée. Dans le cas d'une séparation douloureuse, de nombreuses possibilités s'offrent à vous et, bien sûr, elles ne sont pas toutes vraies pour vous. C'est l'approfondissement de votre ressenti qui vous mènera au bon endroit. D'ailleurs, l'introspection vous connecte souvent avec une rapidité déconcertante à l'événement clé.

Quand l'exercice est abordable, sans être trop bouleversant, c'est le signe que vous pouvez tenter de le traiter vous-même. Au contraire, si vous pleurez dès que vous y pensez, il est préférable de consulter un professionnel qui utilisera la méthode EFT adéquate.

En EFT, il existe différentes techniques qu'il est possible d'adapter à la sensibilité de la personne accompagnée. La procédure est différente, selon que vous êtes très émotif, à l'aise ou coupé de vos émotions pour raconter l'histoire.

Léa, malgré la tristesse de sa rupture, a choisi d'aborder seule la recherche de l'événement qui continuait de lui causer des troubles dans certaines situations.

« *Quand je pense à ce qui s'est passé, quel est mon ressenti ? Qu'est-ce qui me dérange le plus dans cette histoire ? Ce n'est pas tant la fin de cette histoire que je voulais permanente que le fait qu'il m'ait laissé pour une autre. Oui, c'est ça ! Je suis vexée ! C'est comme si je n'étais pas assez bien, pas assez jolie, pas assez fille… C'est ça ! Elle est plus féminine que moi, elle porte des robes, elle se maquille… Oh, je sais c'est encore l'histoire du garçon manqué qui revient.* »

Léa est un garçon manqué

Petite, Léa préférait grimper aux arbres et jouer aux billes avec les garçons. Elle était la fierté de ses parents, toujours vive, joyeuse et curieuse de tout. Elle était toujours volontaire, sauf pour aller chercher du pain. Christine, sa maman, avait découvert le fin mot de l'histoire. La boulangère avait sa manière bien à elle de lui souhaiter la bienvenue dans sa boutique :
« *Bonjour, mon petit gars !* »

Christine, qui trouvait mignon d'avoir pour fille un garçon manqué, n'avait pas détecté la souffrance de Léa. Elle lui avait seulement suggéré de ne pas y prêter attention.

Obéissante, Léa n'en avait plus reparlé. Elle avait mis de côté cette blessure, pourtant régulièrement ravivée, jusqu'à ce débordement à ses 15 ans.

C'est en effectuant des rondes d'EFT, aspect après aspect, sur l'histoire vécue chez la boulangère, qu'elle a pu se libérer de sa tristesse d'enfant non conforme à ce que l'on attendait d'elle. À la fin de ce travail, Léa repensa à une question que lui avait posée son copain :
« *Mais tu ne portes jamais de robe ?* »
Décidément, ce garçon qui voulait la changer n'était pas pour elle. Elle avait alors retrouvé sa gaieté et sa vivacité.

J'ai souvent remarqué que dans les familles avec un garçon manqué l'un des parents désirait profondément un garçon. Même si cela n'a pas été évoqué, l'enfant le sait. C'est en lui.
Les parents ne s'en rendent pas toujours compte, mais l'enfant perçoit très tôt que l'on désirait un garçon plus qu'une fille. Soucieux d'être conforme à l'attente de ses parents, il pourra inconsciemment devenir, au moins en apparence, ce garçon dont la venue aurait tellement fait plaisir.

Le goût de l'interdit (cigarette, alcool...)

L'adolescence est une période de décalage entre la maturité sexuelle et l'immaturité du cerveau (voir p. 53).

Par sa maturité sexuelle, l'adolescent a soif de nouvelles sensations, de nouvelles expériences sans pour autant en mesurer l'impact sur son devenir. C'est à cet âge qu'il prend goût à la vitesse, aux conduites à risques et revendique sa différence, notamment face aux adultes. En tant qu'adulte en construction, il lui semble tout savoir, tout connaître et il appartient aux parents de l'aider à vivre au mieux cette étape. L'écoute est la solution la plus adaptée et le travail sur soi (le parent) nécessaire, pour garder la juste place.

Lorsque l'on demande à une personne qui souhaite arrêter de fumer de se souvenir de sa première cigarette, l'une des raisons évoquées est l'envie de faire comme les autres : « *On était un groupe et on voulait essayer* » ou « *Mon cousin, plus âgé que moi, fumait déjà et j'avais vraiment l'impression d'être nul si je n'essayais pas* ».

Cette notion de groupe est inscrite dans le cerveau reptilien. Très vite, l'être humain a compris qu'en groupe, il pourrait plus facilement survivre face à la faune sauvage, que s'il vivait seul. Être exclu d'un groupe est certainement la plus grande angoisse ancestrale. L'amygdale (située dans le système limbique de notre cerveau, ou cerveau émotionnel) se met immédiatement en alerte devant la peur de mourir. Elle agit comme une sonnette d'alarme qui se déclenche à tout stimulus potentiellement dangereux. Ce peut-être un goût, une odeur, un bruit, une sensation physique, une information visuelle.

Cette peur est tellement profonde que nous apprenons tout petit à être conforme aux attentes de nos aînés, sans lesquels nous serions en danger.
Chez les enfants, cette notion de groupe existe également. Le comportement collectif leur permet de montrer qu'ils sont là pour ne pas être oubliés, ne pas être laissés pour compte. Ce peut signifier un véritable appel de détresse, alors que l'adulte pourrait avoir plutôt envie de fuir lorsqu'il y est confronté.

En dehors de l'expérience du groupe, lorsque l'adolescent persiste à fumer ou à boire par exemple, il convient de s'interroger sur son sentiment de sécurité au sein de sa famille.
Un enfant parfaitement en sécurité selon les schèmes de John Bowlby[16] n'aura pas besoin de garder « son pouce » ou « sa sucette » à la bouche. Il pourra explorer le monde sans nécessairement user de substitut

16. John Bowlby, psychiatre et psychanalyste anglais, s'est longuement intéressé à l'attachement mère-enfant. De ses observations, il a mis en évidence 4 modèles dont un « sécure » et 3 dits « insécures ».

d'apaisement. Chez les adultes, le rapprochement est d'autant plus aisé que l'on voit désormais des cigarettes électroniques autour du cou de fumeurs comme un objet de consolation rapidement disponible.

Quelle que soit la profondeur du problème, l'EFT vous aidera à y remédier. Pour les sollicitations quotidiennes, vous pourrez l'utiliser seul. Si vous identifiez une plus grande dépendance, faites-vous accompagner dans cette démarche.

Voici quelques exemples de phrases qui pourraient vous rendre service :

« Même si j'ai très envie de fumer cette cigarette (boire ce verre…), je m'aime et je m'accepte. »
« Même si je ne peux me passer de fumer le matin au réveil, je m'aime et je m'accepte complètement. »
« Même si j'ai besoin de mon apéro avant chaque repas, je m'aime et je m'accepte complètement. »
« Même si je ne sais pas m'arrêter quand je bois avec les copains, je m'aime et je m'accepte complètement. »
« Même si je me sens important quand je tiens ma cigarette à la main, je m'aime et je m'accepte complètement. »
« Même si j'ai besoin de cette pause cigarette pour sortir prendre l'air, je m'aime et je m'accepte complètement. »
« Même si je n'ose pas refuser un verre à mon beau-père, je m'aime et je m'accepte complètement. »

« Même si je ne me sentirais plus homme en arrêtant de fumer, je m'aime et je m'accepte complètement. »
« Même si j'aime trop le geste de fumer pour m'en passer, je m'aime et je m'accepte complètement. »
« Même si je pense à mon grand-père quand je fume, je m'aime et je m'accepte complètement. »

Ces propositions de phrases devraient vous guider pour en construire de nouvelles, bien adaptées à vos ressentis.

Une phrase qui ne vous parle pas ne fonctionnera pas pour vous.

Et les jeux vidéo ?

Dans sa version de la CIM-11[17] de 2018, l'Organisation mondiale de la santé a ajouté le « trouble du jeu vidéo » dans sa section sur les troubles de l'addiction, au même titre que les jeux de hasard.
Pour que l'on puisse parler d'addiction, il faut que ce comportement atteigne une sévérité telle qu'il parvienne à détourner la personne des activités de la vie courante depuis au moins 12 mois. Néanmoins, tous les excès peuvent conduire un jeune à s'éloigner de la réalité. Le

17 La CIM ou Classification Internationale des Maladies recense environ 55 000 codes uniques fournissant un langage commun aux professionnels de la santé de tous les pays. Elle constitue la norme internationale des maladies et problèmes sanitaires.
Source : OMS

risque minimum se vérifiera sur son développement socio-affectif réduit à une sociabilité virtuelle.

Les nouvelles générations grandissent, pour un grand nombre, avec les écrans et les jeux vidéo. L'enfant commence par un jeu éducatif, puis celui-ci est remplacé par d'autres. L'habitude est prise, la dépendance s'installe. À la fin, ce sont de longues heures où le jeune reste fasciné devant son écran, les yeux fixes, perdant peu à peu intérêt et contact avec le monde extérieur et ses affects.

En dehors des règles de base simples qui consistent à limiter le temps d'exposition, et avant qu'il ne soit trop tard, l'EFT est un allié précieux pour lever les frustrations liées à la saine restriction imposée pour éviter ces cas extrêmes menant à l'addiction.

« Même si j'ai la haine qu'on ne me laisse pas jouer, alors que les potes eux, ils ont le droit, je m'aime et je m'accepte complètement. »
« Même si j'en ai marre de cette famille reloue, je suis top ! »
« Même si j'ai hâte d'avoir 18 ans pour faire tout ce que je veux, je suis OK. »

Et si le parent craint la réaction de son adolescent, il pourra avec le même bénéfice, utiliser l'EFT pour s'en affranchir.

Léa quitte le cocon familial

Le bac en poche, Léa quitte sa province afin de poursuivre ses études.
Habituée à être bien entourée, c'est une nouvelle vie qui commence, dans une région où elle ne connaît personne.

Léa part faire ses études à Paris

Le sujet de la séparation ayant déjà été abordé sous différents aspects, il n'est pas étonnant que Léa ne se sente pas plus bousculée. Mais le simple fait d'en être surprise réveille chez elle quelques spasmes intestinaux. Elle comprend qu'il s'agit du fait de partir loin de chez elle, avec l'impression qu'elle abandonne sa famille et ses amis. Ce qui la perturbe est cette décision qu'elle a prise pour elle-même. À ce moment-là, elle ne se souciait pas de son entourage, qui lui a bien fait comprendre qu'elle allait leur manquer. Léa se sent égoïste. Elle a l'impression de ne penser qu'à elle. Il est pourtant naturel qu'elle fasse des choix qui concernent son avenir. Mais ceci est le point de vue rationnel. Émotionnellement, la jeune fille éprouve un malaise profond : « *Mes proches sont tristes à cause de moi* » et cette idée d'abandon la contrarie.

« L'égoïste n'est pas celui
qui vit comme il lui plaît,
c'est celui qui demande aux autres
de vivre comme il lui plaît ;
l'altruiste est celui qui laisse
les autres vivre leur vie,
sans intervenir. »
Oscar Wilde, *Aphorismes*

Les personnes que j'ai rencontrées en séance m'ont démontré qu'une personne qui a peur d'abandonner ressent en elle-même le sentiment d'abandon. Cette gêne indique qu'elle a été confrontée à l'abandon et en a souffert, généralement dans la petite enfance. Sinon, cette résonance ne se manifesterait pas.

Gardez à l'esprit qu'il s'agit toujours d'un ressenti et pas obligatoirement d'un élément factuel. N'allez pas imaginer que l'on vous a attaché au pied d'un arbre et laissé là.
Souvent ces personnes me disent qu'elles n'ont aucun souvenir avant l'âge de 6 ou 8 ans. Rassurez-vous, c'est le cas pour chacun de nous, mais il existe un moyen d'y palier.
Généralement, nous avons très peu de souvenirs avant l'école primaire. Si cela vous est possible, demandez à vos parents comment se sont passées :

- La grossesse : y a-t-il eu des événements marquants que vous devriez connaître ?

- Votre naissance : y a-t-il des informations ou anecdotes sur votre venue au monde ?
- Votre vie de bébé : y a-t-il eu des événements perturbants ? Cela inclut votre comportement à l'arrivée du petit frère ou de la petite sœur.

C'est ainsi que vous découvrirez des indications utiles comme : « *Tu as été mis en couveuse quelques heures* », « *On n'était pas dans le même service* », « *J'étais fatiguée après la césarienne* », « *J'ai été endormie au moment de ta naissance* », « *Je t'ai gardée presque 9 mois, puis tu es allée chez une nourrice* » ou « *J'ai perdu mon père alors que j'étais enceinte de 8 mois* ».

Puisque ce sont les ressentis qui nous importent, il vous est possible d'imaginer la scène décrite par votre mère et de la travailler.

Comment faire quand on n'a pas de souvenirs ?

Voici un exemple que j'ai rencontré pour illustrer la procédure dans ce cas.

Les accouchements ne se passent pas toujours comme on le voudrait. Il arrive qu'une césarienne soit nécessaire ou que la mère ne soit pas consciente au moment précis où le bébé devrait lui être posé sur le ventre. Pierre Rousseau, un gynécologue obstétricien a filmé et étudié l'instant précis où le bébé cherche le regard de sa mère et comme il s'apaise au moment où il le rencontre.

Cela m'évoque une séance en particulier. Je nommerai cette personne Noémie.
Nous avions eu à travailler le déroulement de la gestation. Ce que j'ai baptisé le « voyage in utero®[18] » — technique que j'ai mise en place pour explorer la période prénatale à l'aide de l'EFT. C'est une méthode que je pratique régulièrement et n'enseigne qu'aux praticiens certifiés, car elle requiert d'être un praticien EFT aguerri.

Alors que le fœtus-fille avait perçu le souhait intense de ses parents d'avoir un garçon, elle attendait ce moment du premier regard, pour séduire sa maman.
Au cours de la séance, en découvrant qu'elle était une petite fille, Noémie avait déclaré : « *Ce n'est pas grave, lorsque maman verra comme je suis belle, elle m'aimera tout de suite et oubliera son envie de garçon !* »
Malheureusement, le contact visuel n'eut pas lieu. Suite à un accouchement long et difficile, sa mère, épuisée, avait dû être endormie juste avant que Noémie ne naisse. Nous avons eu à travailler de nombreux aspects jusqu'à l'immense déception qu'elle avait gardée bien ancrée dans son corps.

18. Le voyage in utero® ou VIU® est une technique et une marque déposée par Geneviève Gagos.

« Même si je suis triste de ne pas voir les yeux de Maman, je m'aime et je m'accepte complètement. »
« Même si j'ai peur que ma maman ne m'aime pas, je m'aime et je m'accepte totalement. »
« Même si je suis déçue d'avoir loupé mon entrée, je m'aime et je m'accepte profondément. »
« Même si je m'en veux d'avoir fatigué Maman au point qu'elle n'arrive pas à rester là jusqu'au bout, je m'aime et je m'accepte comme je suis. »

Comme ce cas a été accompagné jusqu'à sa parfaite résolution, vous pourriez être tenté d'explorer votre propre histoire. L'aide d'un praticien expérimenté sera indispensable.

Comment faire si je ne sais rien de ma petite enfance ?

Les photos et vidéos peuvent être utilisées. Elles ont immortalisé des instants qu'il ne vous reste qu'à observer. Quelle tête faites-vous sur cette photo ? Quelle émotion ressent l'enfant de la photo ? Imaginez ce qui peut le faire réagir de la sorte. Qui est avec lui ? Que fait-il ? Où regarde-t-il ?
Ce sont autant de questions qui, avec une dose d'empathie, vous connecteront à votre ressenti de bébé en vous replongeant dans la scène de la photo. Vous construirez vos phrases de rappel avec ce qui vous vient.

C'est ce qu'a fait Cindy, une ancienne connaissance de Léa.
Cindy avait quelques difficultés à s'affirmer. Elle ne voulait pas déranger et n'osait pas dire non. Elle craignait de décevoir. Quand elle évoquait les vidéos de son enfance, elle pensait que sa sœur était à l'origine de son problème. Cédrine prenait beaucoup de place, toute la place, y compris celle de Cindy.

Cindy avait évoqué cette vidéo où, tout juste née, elle tétait dans les bras de sa mère. Sa sœur était alors entrée dans la chambre en faisant beaucoup de bruit. Sa mère avait reposé Cindy dans son berceau pour s'occuper de sa sœur devenue envahissante. Symboliquement, la mère avait renforcé l'importante accordée à Cédrine, alors qu'elle préservait surtout sa propre tranquillité et peut-être aussi celle des personnes alentour.

À première vue, on peut être tenté de s'orienter vers la sœur qui joue les troubles fêtes pour accaparer l'attention. Mais que penser de la mère qui entre dans son jeu et laisse Cindy de côté pour s'occuper pleinement de l'intruse ?
Après cette prise de conscience, Cindy a verbalisé cette colère enfouie contre sa mère. En traitant l'émotion en EFT, elle a repris sa vraie place.

« Même si je suis en colère contre Maman qui m'a reposée dans le berceau, je m'aime et je m'accepte totalement. »

« Même si je suis en colère contre Maman qui me laisse pour Cédrine, je m'aime et je m'accepte complètement. »
« Même si je suis en colère contre Cédrine qui prend toute la place, je m'aime et je m'accepte totalement. »
« Même si je suis en colère contre Cédrine qui me prend ma maman, je m'aime et je m'accepte profondément. »

Les 2 dernières phrases s'appliquent à Cédrine, qui était déjà très bruyante avant la naissance de sa petite sœur, mais qui avait encore besoin d'une maman rien que pour elle.

Comment faire sans aucun support ?

Si vous n'avez ni image ni récit sur lesquels vous appuyer, imaginez comment cela pouvait être quand vous étiez tout petit. Imaginez-vous bébé. Que voyez-vous ? Où est ce bébé ? Que fait-il ?

Peu importe si ce qui vous vient est créé de toutes pièces. Vous l'inventez en puisant dans vos propres données. Votre émotion est donc juste.
Peut-être que cela ne s'est pas réellement passé ainsi, mais c'est bien avec cette émotion que vous l'avez vécu, sinon cela ne vous dérangerait plus.

En introspection, ne rentrez pas dans des explications trop mentales, intéressez-vous précisément à l'émotion ressentie.

Léa vit en colocation

La séparation mère/fille

Pour son premier éloignement de la maison, Christine, la maman de Léa, lui a trouvé une colocation. Officiellement, elle craint que sa fille, une jeune provinciale, ne soit perdue toute seule dans une aussi grande ville que Paris. En réalité, Christine est terrorisée de laisser sa fille seule alors qu'elles sont si proches. Léa part tout excitée de découvrir sa nouvelle vie. C'est donc à Christine de tapoter pour apaiser sa gêne.

L'EFT s'applique à tout ce qui vous dérange.

« Même si j'ai très peur pour Léa qui ne connaît personne à Paris, je m'aime et je m'accepte totalement. »
« Même si je suis terrorisée à l'idée de laisser ma fille partir vers l'inconnu, je m'aime et je m'accepte complètement. »
« Même si j'ai peur qu'il lui arrive quelque chose, je m'aime et je m'accepte profondément. »
« Même si j'ai peur qu'elle se sente perdue dans une si grande ville, je m'aime et je m'accepte comme je suis. »

Veillez à ne pas mélanger plusieurs aspects dans la même phrase. Cela brouille et complique la progression vers la bonne résolution du problème.
Par exemple, vous ne travaillerez pas ensemble :

~~« Même si j'ai très peur qu'il arrive quelque chose à Léa qui ne connaît personne à Paris, je m'aime et je m'accepte totalement. »~~

Comme il n'est pas aisé pour un nouveau venu à l'EFT de repérer les différents aspects, voici une astuce.
En reprenant ce dernier exemple, vous pourriez vous demander : « *Aurais-je peur qu'il lui arrive quelque chose si elle connaissait du monde sur Paris ?* »
Vous verrez qu'ici, le second vient appuyer le premier, mais n'empêche pas l'angoisse qu'il lui arrive quelque chose. Ce sont 2 éléments indépendants, donc 2 aspects différents, d'un même problème.

L'expérience de la vie en communauté

Si Léa est une personne vive, généreuse, enjouée et curieuse de tout, ce n'est pas le cas de ses colocataires. Elle mesure la difficulté de vivre à plusieurs dans un même appartement. Chacun a ses habitudes, mais doit tenir compte des autres au moins dans les parties communes. Ce qui n'est pas toujours facile lorsque tous ne suivent pas les mêmes règles.

Si, au début, Léa était plutôt volontaire pour le ménage, dans l'idée de rendre service aux autres, elle déchante rapidement quand elle se trouve submergée de devoirs et de multiples recherches à effectuer pour ses études.

Aurélie et Rachid, ses colocataires, ont bien vite pris l'habitude de laisser Léa tout ranger et nettoyer.
Léa a l'impression qu'ils se servent d'elle. Ils abusent de sa gentillesse. Pire encore, ils la prennent pour leur bonne ! C'est impensable pour elle qui, chez ses parents, participait aux tâches ménagères.

Il lui suffirait de laisser les choses en plan et de ne s'occuper que de ce qui lui incombe, mais Léa, par ailleurs très organisée, est sûre qu'ils ne feront rien. Et elle a horreur du désordre. Dans ce vieux bâtiment, elle imagine qu'à cause de cette négligence, des petites bestioles s'inviteraient sur la vaisselle et dans son paquet de céréales.

« Même si j'ai tellement de choses à faire, je m'aime et je m'accepte complètement. »
« Même si j'ai peur de ne pas arriver à tout faire, je m'aime et je m'accepte totalement. »
« Même si j'ai l'impression qu'ils se servent de moi, je m'aime et je m'accepte complètement. »
« Même si je suis en colère qu'ils profitent de ma gentillesse, je m'aime et je m'accepte profondément. »
« Même si je n'ose pas leur dire qu'ils abusent, je m'aime et je m'accepte comme je suis. »
« Même si j'ai tellement horreur du désordre que je ne peux pas laisser la maison comme ça, je m'aime et je m'accepte complètement. »

« Même si j'ai peur que des bestioles s'y mettent, je m'aime et je m'accepte totalement. »
« Même si, beurk, quand j'imagine ces bestioles dans mes céréales… je m'aime, je m'accepte complètement. »

Après sa séance d'EFT, reprenant chacun de ces aspects, Léa a pu s'adresser à Aurélie et Rachid. Comme elle était calmée, la discussion ne pouvait qu'être courtoise. Léa a compris qu'elle s'est agacée toute seule et qu'ils ne la prennent pas pour une imbécile. Parce qu'elle n'avait pas su exposer son point de vue, elle avait imaginé qu'ils étaient mal disposés à son égard. C'est ce qui arrive lorsque l'on tourne en boucle sur une situation que l'on tarde à résoudre.

Léa passe son permis de conduire

Le Code de la route

Paris est une ville magnifique et il y a de nombreuses activités possibles : week-end à la mer, activités en banlieue, emploi accessible en voiture…
Léa décide de passer son permis de conduire.
Si les leçons de conduite ne lui causent pas de soucis, le passage du code de la route est épineux. Le jour de l'épreuve, elle n'est pas au maximum de ses capacités à cause d'un rhume qui perturbe ses nuits, et elle sait qu'aucun retard ne sera toléré.

L'EFT ne peut remplacer son précieux temps de repos, mais elle peut la détendre pour être moins encline au stress.

« *Même si j'ai peur de ne pas être au top pour passer le code, je m'aime et je m'accepte comme je suis.* »
« *Même si j'ai peur d'être en retard le jour de l'examen, je m'aime et je m'accepte complètement.* »
« *Même si je serais furieuse de louper mon code, je m'aime et je m'accepte comme je suis.* »

En traquant les différents aspects présents, Léa s'est rendu compte qu'elle n'est pas très à l'aise avec le déroulement de l'examen : « *Et si je ne comprenais pas la question posée ? Et si ma télécommande tombait en panne ? Et si je me trompais de touche ?* ».

Devant une situation anxiogène à venir, il est avantageux de la traiter en déroulant le film que vous vous en faites.
C'est, à ma connaisance, le meilleur moyen de visiter chaque instant et de travailler chaque aspect présent pour bénéficier pleinement de l'aide de l'EFT et faire de cet événement, un moment dépourvu de sensations désagréables. D'ailleurs, en exagérant les faits vous vous mettez à l'abri des mauvaises surprises de dernières minutes.

Léa s'imagine ainsi la veille de l'examen et avec la crainte de ne pas réussir à s'endormir par peur de ne pas entendre le réveil le lendemain matin. Elle en déduit qu'elle a peur d'être en retard.

« Même si j'ai peur de ne pas dormir, je m'aime et je m'accepte comme je suis. »
« Même si j'ai peur de m'endormir trop tard, je m'aime et je m'accepte totalement. »
« Même si j'ai peur de ne pas entendre mon réveil, je m'aime et je m'accepte profondément. »
« Même si j'ai peur de ne pas arriver à l'heure sur le lieu d'examen, je m'aime et je m'accepte complètement. »
« Même si j'ai peur de me tromper de métro, je m'aime et je m'accepte comme je suis. »
« Même si j'ai peur de me perdre dans le quartier, je m'aime et je m'accepte totalement. »

Après avoir exploré ce qui était susceptible de l'ennuyer avant l'examen, Léa décide de s'intéresser à l'épreuve elle-même.

« Même si j'ai peur de ne pas comprendre la question posée, je m'aime et je m'accepte complètement. »
« Même si j'ai peur de me tromper de touche, je m'aime et je m'accepte totalement. »
« Même si j'ai peur que ma télécommande tombe en panne, je m'aime et je m'accepte profondément. »
« Même si j'ai peur de ne pas avoir assez de temps pour répondre, je m'aime et je m'accepte comme je suis. »
« Même si j'ai peur d'avoir trop de réponses fausses, je m'aime et je m'accepte comme je suis. »

Son film terminé, Léa le repasse pour tenter de raviver la moindre réaction. Sereine, elle est prête à passer son code dans les meilleures conditions.

Le permis de conduire

Au moment de passer son permis, plusieurs gênes traitées pour l'examen du Code de la route ne se représentent pas.

Léa sait qu'elle aura affaire à l'examinateur le plus rigide, connu pour préférer les femmes aux fourneaux plutôt que sur les routes. Elle doit ainsi traiter les points liés à la conduite sous l'œil critique de cet inspecteur réputé pour ne rien laisser échapper.

> Si vous connaissez le nom de la personne qui vous effraie, il est utile de le préciser par souci de spécificité et donc, d'être potentiellement plus efficace.

« Même si j'ai peur d'être perturbée par l'examinateur, je m'aime et je m'accepte comme je suis. »
« Même si j'ai peur d'oublier quelque chose et qu'il ne me laisse même pas démarrer, je m'aime et je m'accepte complètement. »
« Même si j'ai peur de manquer cette priorité à droite juste avant le passage protégé, je m'aime et je m'accepte complètement. »

« Même si j'ai peur que les piétons s'engagent au moment où j'arrive, je m'aime et je m'accepte complètement. »
« Même si j'ai peur que l'examinateur freine à ma place, je m'aime et je m'accepte complètement. »
« Même si j'ai peur que l'inspecteur touche mon volant, je m'aime et je m'accepte complètement. »

Je ne peux résister à vous raconter mon examen au permis de conduire. Mon moniteur connaissait bien la ville et me faisait conduire sur les zones les plus compliquées pour m'entraîner.
Lors de mon examen, je guettais une famille qui ne s'était pas engagée sur le passage piéton pour la voiture avant moi mais qui s'est engagée juste devant moi !
Je me souviens avoir donné un coup de frein. Les dossiers et le parquet de cigarettes de l'examinateur sévère ont volé dans l'habitacle. Et j'ai eu mon permis !

Léa entre dans la vie active

Le premier entretien d'embauche

Léa a obtenu son diplôme. Elle a rendez-vous pour un premier entretien dans une entreprise.
Si aujourd'hui, elle ne craint plus d'arriver en retard à un rendez-vous important, il lui reste une appréhension

quant au déroulement de cette entrevue. « *Que va-t-on me demander ? Saurais-je répondre ? Ne cherchera-t-on pas à me déstabiliser pour tester mes réactions ?* »

Pour profiter de toutes les possibilités de l'EFT, Léa a anticipé ce face à face en se projetant le jour de la convocation.
Comme elle n'a pas perçu de perturbation avant le rendez-vous, elle s'attarde principalement sur la discussion.

« Même si j'ai peur de ne pas savoir répondre, je m'aime et je m'accepte complètement. »
« Même si j'ai peur qu'il me provoque pour me mettre à l'épreuve, je m'aime et je m'accepte complètement. »
« Même si j'ai peur de me faire piéger, je m'aime et je m'accepte complètement. »
« Même si j'ai peur de louper mon entretien, je m'aime et je m'accepte complètement. »
« Même si j'ai peur qu'il me grille auprès de ses collègues d'autres entreprises, je m'aime et je m'accepte complètement. »

Puis lui vient l'idée de s'intéresser à l'allure et au comportement que pourrait avoir cette personne.

« Même si je me sens dévisagée, je m'aime et je m'accepte complètement. »

« Même si je ne supporte pas son regard moqueur, je m'aime et je m'accepte complètement. »
« Même si je me sens mal à l'aise avec son air pincé, je m'aime et je m'accepte complètement. »
« Même si j'ai peur de sa grosse voix au ton affirmé, je m'aime et je m'accepte complètement. »
« Même si je crains que son apparente sympathie soit fausse, je m'aime et je m'accepte complètement. »

Et comme il est plus difficile de trouver un emploi de nos jours :

« Même si j'ai peur qu'on soit trop nombreux pour un même poste, je m'aime et je m'accepte complètement. »
« Même si j'ai peur de ne pas être prise, je m'aime et je m'accepte complètement. »
« Même si j'ai peur de devoir chercher pendant longtemps, je m'aime et je m'accepte complètement. »
« Même si j'ai peur de ne rien trouver qui me plaise, je m'aime et je m'accepte complètement. »
« Même si j'ai peur de devoir accepter un poste bien en dessous de mes compétences, je m'aime et je m'accepte complètement. »
« Même si j'ai peur de ne pas être payée à la hauteur de mes compétences, je m'aime et je m'accepte complètement. »

Après ce premier entretien, Léa n'a pas été embauchée. On lui reprochait de ne pas avoir encore d'expérience dans la fonction pour laquelle elle postulait.

« Même si je suis en colère que l'on demande de l'expérience à une jeune diplômée, comment pourrais-je en acquérir sans embauche, je m'aime et je m'accepte avec compassion. »

Une collègue infernale

Léa a trouvé un poste. Même s'il ne correspond pas tout à fait à ce qu'elle espérait, elle l'a accepté pour avoir plus d'expérience.

Les premiers mois se sont bien déroulés. Avenante et volontaire, Léa a fait l'unanimité.
Alors qu'elle a fait beaucoup d'efforts pour s'intégrer dans cette ambiance exclusivement féminine, les choses se sont gâtées. Tenir ses efforts sur le long terme lui demande une énergie folle.

Marguerite, très ancienne dans l'entreprise, semble mener tout le monde à la baguette. Léa, spectatrice de cette emprise sur les autres collègues n'en subit pas directement les conséquences. Avec sa voix criarde, Marguerite se plaint en permanence, essayant d'entraîner tout le service dans son sillage.

L'usage de l'EFT aide Léa à supporter le niveau sonore de ses interventions et les lui rend moins envahissantes. N'hésitez pas à utiliser l'EFT, quelle que soit la perception que vous avez d'un bruit agaçant (celui des gouttes d'eau qui taperaient sur l'évier quand vous tentez de vous endormir par exemple).

« Même si je ne supporte plus cette voix haut perchée, je m'aime et je m'accepte totalement. »
« Même si je ne supporte plus les plaintes de Marguerite, je m'aime et je m'accepte complètement. »
« Même si j'ai du mal à me concentrer sur mon travail avec cette diva, je m'aime et je m'accepte profondément. »
« Même si je suis épuisée par ses simagrées, je m'aime et je m'accepte complètement. »

L'un des nombreux avantages de l'EFT est de pouvoir être utilisée n'importe où. Dans pareille situation, il vous suffit d'une pause de 10 minutes pour revenir pleinement revigorée.

Trop de pression au travail

Il n'est pas rare d'entendre, dans les entreprises, que la masse de travail est trop importante pour le nombre de personnes qui lui est affecté. Les employés ne supportent plus qu'on leur demande de faire à 7 personnes le travail de 12.

Débutante dans la vie active, Léa s'est trouvée confrontée à cette évidence. Mais craignant pour sa place, elle n'a pas hésité à retarder son heure de sortie pour terminer les dossiers en cours. Son supérieur en a profité pour lui apporter régulièrement des dossiers une demi-heure avant la fin de sa journée, prétextant une urgence pour un rendez-vous le lendemain.

Léa rentrait chez elle de plus en plus tard, accumulant fatigue et stress. Très vite, elle s'est rendu compte qu'elle avait déjà vécu une situation similaire qu'elle pensait avoir traitée. En comparant sa situation actuelle avec sa colocation, elle a perçu de nouveaux éléments. Avec Aurélie et Rachid, le problème était celui de faire plaisir, d'être acceptée et de se sentir utilisée. Aujourd'hui, elle ne maîtrise pas le poids de l'autorité et la peur de perdre son travail.

Léa s'est ainsi réservée du temps afin d'approfondir le sujet et se libérer de cette pression.

« Même si j'ai peur de sa réaction si je lui réponds, je m'aime et je m'accepte complètement. »
« Même si je n'ose pas refuser ces dossiers, je m'aime et je m'accepte complètement. »
« Même si j'ai peur de perdre ma place si je ne fais pas ce qu'il me dit, je m'aime et je m'accepte complètement. »

Grâce à ces phrases, Léa a pris conscience que :

- Si elle ne se respecte pas elle-même, elle ne peut se faire respecter par les autres.
- Elle donne à son chef direct plus d'autorité que ses fonctions ne sont censées en avoir.
- Elle fait à merveille ce pour quoi elle a été embauchée et ne triche pas sur son temps de travail.
- Maintenant qu'elle a un peu d'expérience, elle peut postuler pour un emploi plus intéressant dans l'une des entreprises qu'elle a repérées.

La peur de perdre un emploi ne peut justifier de négliger sa santé. Elle n'acceptera plus de ne pas être respectée.

C'est après avoir fait de l'EFT pour éliminer cette charge émotionnelle que Léa a été capable de poursuivre sa vie professionnelle ailleurs, sans risquer de replonger dans le même schéma.

Fuir une situation ne la résout pas !

J'ai plusieurs fois observé qu'une situation non traitée se reproduisait plus tard, et toujours avec un niveau de stress supérieur.

La logique veut que lorsqu'on ne vous entend pas, vous parliez plus fort. C'est aussi ce qui se passe dans votre vie. Inconsciemment, vous créez une situation plus dramatique encore jusqu'au moment où elle devient insupportable et que vous décidiez enfin d'y accorder votre attention pour la résoudre.

Mon chef, ce pervers narcissique

Chaque jour des personnes se plaignent d'être confrontées à un manipulateur, à un pervers narcissique.
C'est un terme devenu tellement à la mode qu'il convient de s'y attarder. Ce type de déviation existe également au féminin, il n'est pas exclusivement lié à une relation de couple, mais s'étend à la sphère relationnelle et professionnelle.
Il existe des personnes plus ou moins manipulatrices, mais le pervers narcissique l'est au-delà de toute concurrence. Il existe également des bourreaux ou des personnes peu agréables.
Néanmoins, brandir la carte du pervers narcissique à tout va n'est pas une solution et ne correspond pas toujours à la réalité. C'est se mettre dans une position de victime et donc, potentiellement plus vulnérable encore. Et c'est cette vulnérabilité qui attire ceux qui ont besoin de dominer.

Dans le cas d'une relation sentimentale, vous deviendrez moins séduisant pour ces personnes si vous renforcez votre confiance en vous. Ce qui est bien plus judicieux.

Même si votre bourreau est votre compagnon ou votre compagne, vous ne pourrez pas changer sa personnalité ni espérer la bonifier avec le temps. Pervers narcissique ou non, c'est dans la phase de séduction que nous nous présentons de la meilleure façon. Quand la relation s'installe, notre naturel revient, sauf si nous nous appliquons sincèrement à résoudre nos travers. Bâtir sa vie amoureuse en misant sur l'éventualité que l'autre va s'améliorer est utopique.

Le renforcement de votre confiance en vous ne peut se résumer aux quelques phrases ci-après. Elles s'ajoutent au travail quotidien illustré par la vie de Léa.

Pour avoir un résultat plus profond et plus rapide, préférez l'accompagnement d'un professionnel capable de remonter à l'origine de la problématique.

Léa peaufine son affirmation de soi

De retour au bureau, Léa a fait savoir, en fin de journée, que c'était le dernier dossier qu'elle acceptait de recevoir en urgence. Elle a indiqué, de façon claire et précise, qu'elle respecterait désormais ses horaires de sortie pour préserver sa santé et assurer un service impeccable durant son temps de travail.

Les mois suivants, le chef de Léa s'est efforcé de récupérer le pouvoir qu'il exerçait sur elle. S'il s'agissait d'un pervers narcissique, ce que rien ici ne permet d'affirmer, car il manque trop d'éléments, ce qu'il supporterait le moins serait de perdre le contrôle absolu sur sa victime. Lorsqu'il a menacé de la renvoyer, Léa n'a pas sourcillé puisqu'elle avait traité cette peur en EFT. N'étant pas décisionnaire dans l'entreprise, son chef n'a pas pu exercer cette mesure.

Léa s'est ensuite penchée sur ce qui demeurait difficile à gérer pour elle : l'intimidation.

« Même si j'ai peur qu'il me rende la vie impossible, je m'aime et je m'accepte complètement. »
« Même si j'ai peur de craquer nerveusement, je m'aime et je m'accepte profondément. »
« Même si j'ai peur de ne pas réussir à me faire respecter, je m'aime et je m'accepte complètement. »
« Même si j'ai peur de ne pas trouver de travail rapidement, je m'aime et je m'accepte totalement. »
« Même si j'ai peur de rester coincée ici encore plusieurs mois, je m'aime et je m'accepte comme je suis. »
« Même si j'ai peur qu'il me pousse à la faute, je m'aime et je m'accepte complètement. »
« Même si j'ai peur de me faire virer pour faute grave, ce serait plus difficile pour moi de retrouver du travail, je m'aime et je m'accepte complètement. »
« Même si j'ai peur qu'il me pousse à démissionner par trop de pression, je m'aime et je m'accepte complètement. »

Ici, l'expression « Qui veut, peut » prend sa pleine dimension grâce à l'EFT.
Si vous réussissez ainsi à vous libérer de vos peurs, la manipulation n'aura plus d'effet sur vous. Vous vous surprendrez à agir avec une sérénité à toute épreuve.

Léa emménage avec Vincent

Par la bienveillance qu'elle s'est accordée tout au long de son parcours, Léa est devenue une jeune femme solide, tolérante et fiable.
Après avoir neutralisé de nombreux aspects délicats de sa vie, elle a rencontré un jeune homme avec qui elle s'apprête à construire un foyer.

Pas facile la vie de couple !

Partager un même espace de vie n'est pas nouveau pour Léa. Mais avec Vincent, Léa découvre les concessions nécessaires pour une vie de couple harmonieuse.

Ce n'est pas si facile. On pourrait penser qu'il suffit d'aimer pour que tout fonctionne. Mais dans nos relations amoureuses, s'agit-il d'un véritable amour ? Dans la plupart des cas, cela correspond plutôt à de l'attachement.

L'amour sous-entend que l'on accepte l'autre avec ses qualités et ses défauts, sans condition, sans chercher à les changer.
Une fois la phase stimulante de la nouveauté passée, la tendance est plutôt d'attendre de l'autre qu'il s'accorde à notre vision des choses. Et pour faire simple, sa résistance ou son refus est vite assimilé à un manque d'attention, donc à du non-amour, reproché avec plus ou moins d'insistance.
Cela nous ramène à nos blessures d'enfant, quand nous nous sommes sentis rejetés, pas entendus, pas écoutés et avons cru perdre l'amour de nos parents.
Voilà l'occasion, pour l'enfant en nous, resté jusque-là incompris, de se réconcilier avec les imperfections de l'éducation reçue.
Il n'est pas question ici de critiquer la façon dont nos parents ont agi, mais de s'appuyer sur ces événements où nous avons perçu un manque d'amour ou un danger d'exclusion. Vous les traiterez en EFT comme un film, pour en débusquer toutes les facettes.

Quand, dans un élan de tendresse, Léa s'est accrochée au cou de Vincent pour le chahuter et l'embrasser, il s'est écarté, agacé, prétextant une urgence à terminer à l'ordinateur. Attristée, Léa s'est réfugiée sur le canapé. Absorbé par ce dossier à boucler, Vincent ne lui a pas prêté attention. La soirée s'est achevée dans le silence.

Afin de réfléchir à ce qui vient de se passer, Léa s'est retirée dans la chambre. Elle a compris qu'elle rejouait une scène située bien loin de sa relation actuelle avec Vincent : le jour où sa mère lui avait refusé un bisou alors qu'elle venait de se faire gronder. Elle sait que le simple fait de garder le souvenir de cet épisode est le signe qu'il reste quelque chose à régler. Elle choisit d'utiliser la technique du film en EFT avec le titre lié à son ressenti : « Maman ne m'aime plus ». Elle l'évalue sur l'échelle de 0 à 10, puis elle commence à un moment neutre de ce souvenir.

Elle se trouve dans la cuisine avec sa mère. Tout va bien. Christine est très en retard et elle a appelé Léa pour qu'elle vienne prendre son petit déjeuner. Comme l'aurait fait tout jeune enfant, Léa est restée devant un dessin animé.

« Même si je n'ai pas envie de venir maintenant, je n'ai pas fini de regarder mon dessin animé, je m'aime et je m'accepte complètement. »

Le ton est monté et Christine a exigé que Léa vienne immédiatement. Contrainte, Léa l'a rejointe dans la cuisine.

« Même si je ne comprends pas pourquoi Maman crie, je suis OK ! »

« Même si je n'ai pas envie de venir, mon dessin animé n'est pas fini, je suis une gentille fille. »
« Même si je suis triste que Maman crie après moi, je n'ai rien fait de mal, je suis une bonne fille. »

Si un adulte énervé a du mal à se calmer, l'enfant, lui, vit dans l'instant et tourne la page dès qu'il se focalise sur autre chose. Il lui est difficile de comprendre pourquoi sa mère refuse de lui parler calmement.

« Même si je ne comprends pas pourquoi Maman est fâchée, je suis là avec elle dans la cuisine, je suis une bonne fille. »

Perturbée de la sentir fâchée, Léa s'est approchée pour lui faire un bisou. Agacée, Christine lui a dit que ce n'était pas le moment et qu'elle devait se dépêcher de manger pour filer à l'école.

« Même si je ne comprends pas pourquoi Maman ne veut pas de mon bisou, je suis une gentille fille. »
« Même si je suis triste que Maman me repousse, je suis une gentille fille. »
« Même si je ne comprends pas la colère de Maman, je suis une gentille fille. »

Une fois sa tâche achevée, Vincent a rejoint Léa qui était apaisée et encline à l'accepter à ses côtés sans réticences.

La difficulté est que nous regardons la vie à travers nos besoins personnels. C'est humain, mais cela complique les relations. En prenant conscience que chaque « dérangement » que nous rencontrons se réfère à une situation qui nous appartient, nous ouvrons les portes d'une communication fluide et enrichissante pour chacun.

Léa et Vincent n'arrivent pas à avoir d'enfants

Cela fait déjà 5 ans que Léa et Vincent vivent ensemble. Ils ont décidé d'agrandir leur famille. Tous les ingrédients sont réunis : un couple bien installé, heureux de leur union et de partager du temps ensemble. Un appartement agréable où il fait bon vivre. Un travail qui leur plaît, dans lequel ils se sentent à leur place et qu'ils ont bien envie de conserver.

Bien que Léa ait arrêté tous moyens de contraception, les mois passent sans aucun signe de grossesse.
Après avoir consulté et écarté tout problème physiologique des 2 côtés, Léa pense qu'une exploration avec l'EFT, à la recherche de quelques blocages émotionnels, ne serait pas superflue.

Mais comment s'y prendre lorsqu'il s'agit d'un sujet dont on ne connaît rien et semble n'avoir aucun lien avec notre vécu ? S'il y a un blocage, c'est qu'il y a une résonance. Vient-elle de ce que l'on vous a raconté ? De ce que vous avez observé autour de vous ?

Dans ce cas, je vous conseille de vous projeter et de vous plonger dans la situation actuelle, avec tous les détails.
La première étape consiste à se poser les bonnes questions et à y répondre sincèrement, du plus profond de votre être : Qui a ce désir d'enfant ? Lui ? Moi ? Les deux ? Pourquoi est-ce que je veux un enfant ? Suis-je prête à vivre une grossesse ?
Après s'être assurée d'être bien au clair, Léa imagine le moment où elle apprend qu'elle est enceinte. Et voilà qu'elle ressent déjà le premier pincement, ce qui l'invite à se connecter à ses émotions. Elle découvre alors de multiples appréhensions liées au retour d'expérience de ses amies et qui se télescopent : l'une a vomi durant toute sa grossesse, l'autre a fait une fausse couche à 3 mois et une troisième est restée alitée pendant plus de 6 mois.

Après avoir neutralisé ces résistances avec l'EFT, Léa visualise de nouveau cette phase. Le pincement a disparu et elle peut maintenant se voir enceinte sans ressentir de gêne.
Dans l'histoire de Léa, le problème a vite été résolu, car il n'y avait pas de soucis sur « les bonnes questions ». Mais certaines femmes ne se sentent pas prêtes à avoir un enfant et en désirent un pour de mauvaises raisons (faire plaisir au conjoint, la pendule interne tourne).

Un questionnement sincère met les résistances en évidence et permet de laisser mûrir le projet sans précipitation.

Si l'EFT peut vous aider à lever vos craintes, elle n'est pas là pour vous faire changer d'avis. Fort heureusement, l'EFT n'ira jamais contrarier votre moi profond.

Léa attend son premier enfant

La bonne nouvelle est arrivée. Léa est enceinte. La prudence reste de rigueur et le couple laisse passer les premières semaines pour s'assurer que tout se déroule pour le mieux.

Les résultats de l'EFT appliquée sur les nausées matinales et les diverses modifications des perceptions liées à la grossesse sont stupéfiants.

« Même si j'ai ces nausées au réveil, je m'aime et je m'accepte complètement. »
« Même si je vomis juste après mon petit déjeuner, je m'aime et je m'accepte totalement. »
« Même si j'ai peur de vomir mon petit déjeuner, je m'aime et je m'accepte comme je suis. »
« Même si je ne supporte pas l'odeur du café, je m'aime et je m'accepte totalement. »

Léa vit une grossesse heureuse et régule par l'EFT les débordements émotionnels que les hormones ne manquent pas d'imposer.

« Même si j'ai peur que mon bébé ne soit pas normal, je m'aime et je m'accepte complètement. »
« Même si j'ai peur qu'on m'annonce un problème qui nécessite d'interrompre la grossesse, je m'aime et je m'accepte totalement. »
« Même si j'ai peur que mon bébé naisse avec une malformation, je m'aime et je m'accepte. »

À l'approche de l'accouchement, de nouvelles appréhensions apparaissent.

« Même si j'ai peur de me retrouver coincée dans les embouteillages, je m'aime et je m'accepte complètement. »
« Même si j'ai peur de souffrir, je m'aime et je m'accepte totalement. »
« Même si j'ai peur que l'accouchement dure longtemps, je m'aime et je m'accepte complètement. »
« Même si j'ai peur d'être déchirée, je m'aime et je m'accepte profondément. »
« Même si j'ai peur qu'on soit obligé de m'endormir et de ne pas voir naître mon bébé, je m'aime et je m'accepte totalement. »
« Même si j'appréhende d'allaiter, je m'aime et je m'accepte complètement. »

La liste est loin d'être exhaustive. Vous pourrez tapoter sur n'importe laquelle de vos appréhensions ou craintes.
Vous pourriez également penser à un éventuel manque de lait. Dans ce cas, évoquez-le.

« Même si j'ai peur de ne pas avoir assez de lait pour nourrir mon bébé, je m'aime et m'accepte complètement. »

Léa devient maman

Les désagréments de l'accouchement ont vite été oubliés pour laisser place au bonheur de la venue de sa fille. Lisa va bien. C'est un beau bébé en bonne santé.

De retour à la maison, la famille s'organise autour du rythme de la petite Lisa. Finies les grasses matinées du dimanche, Lisa met tout le monde au pas.

Lisa a des coliques

Tout va bien jusqu'à ce que Bébé rencontre quelques soucis intestinaux. Le diagnostic est porté, il s'agit de coliques du nourrisson. Cela indique qu'il y a de l'anxiété autour de Lisa. Qui de Maman ou Papa ressent quelques inquiétudes parfaitement perçues par Lisa ? Comme nous l'avons vu précédemment, c'est au parent concerné d'appliquer l'EFT sur ce qui le perturbe et se transmet au bébé. Vous pourriez aussi

accompagner votre travail personnel sur le sujet avec quelques rondes pour le confort du bébé.
Je ne conseille pas de tapoter sur le bébé. Les parents peuvent très bien le faire sur eux à la place :

« Même si tu as mal au ventre, tu es un gentil bébé. »
« Même si tu te réveilles en pleurant, tu es une gentille petite fille. »
« Même si tu ne sais comment te mettre pour te sentir bien, tu es une petite fille adorable. »
« Même si tu as besoin d'être dans mes bras pour te calmer, tu es le plus beau des bébés. »

Prenez soin de tapoter le moindre ressenti d'agacement chez vous, pour que les paroles prononcées à votre bébé soient emplies d'amour.

L'arrivée d'un petit frère

Lisa a un peu plus de 2 ans, quand Léa et Vincent la préparent à l'arrivée d'un nouveau venu dans la famille. Le ventre de Maman s'arrondit au fil des semaines et les angoisses de la première grossesse sont une vieille histoire.

Léa a entendu parler de la réaction de ces enfants à qui on ne dit rien. Ils ont la surprise brutale de voir leur maman disparaître quelques jours. Ils sont parfois confiés à d'autres personnes sans comprendre

pourquoi leur mère les a laissés. Et quand elle revient, c'est avec un intrus qui va bouleverser leur vie.
C'est donc avec beaucoup de sagesse que Léa convie Lisa à participer à l'installation du petit nid douillet qui accueillera ce bébé.

Lisa profite de ce sentiment de plénitude qui règne dans la maison. Papa est attentionné et participe activement aux tâches ménagères. Maman est heureuse et Lisa se sent comme une princesse que l'on chouchoute.
C'est l'entente parfaite entre les 3 membres de cette famille unie, même si Maman semble se fatiguer plus rapidement.
Les semaines s'égrènent et le choix du prénom a été arrêté. Léa et Vincent sont d'accord sur Sam.

La perte des eaux réveille la famille en pleine nuit. Lisa somnolente est confiée à une amie proche du domicile des parents pour retrouver plus facilement son papa, chaque soir.
L'accouchement s'est bien passé. Léa et Sam vont bien.

Quand Vincent et Lisa se rendent à la maternité, Sam est dans les bras de sa maman. Il tète. Lisa ne peut pas embrasser sa mère comme elle le souhaite.
Quand Bébé a terminé et fait son rot, il faut le laisser tranquille. Il doit dormir, pourtant Lisa a tellement de choses à lui raconter. Elle attendait tant ce moment et les premières restrictions apparaissent.

L'histoire du coucher tournera autour de cette première journée où tout ne s'est pas déroulé comme elle l'aurait voulu.
Si ses parents avaient bien insisté sur son rôle de grande sœur, rien cependant ne s'était passé comme ils le lui avaient annoncé. Lisa s'était imaginé qu'elle pourrait jouer avec son petit frère comme elle le fait avec sa poupée.

« *Même si j'ai très envie de jouer avec Sam, je suis une gentille fille.* »
« *Même si ce n'est pas drôle un bébé, ça dort tout le temps, je suis une bonne fille.* »
« *Même si je ne suis pas contente de ne pas pouvoir toucher Sam comme je veux, je suis OK.* »

Au retour de la maternité, Lisa a pris conscience de la place de son frère. Même si un bébé dort beaucoup, elle remarque qu'à peine réveillé, il attire tous les yeux sur lui. Sam passe avant tout le monde. « *Attends Lisa, je dois aller changer la couche du bébé* », « *Attends Lisa, il faut que Sam tète !* », « *Attends Lisa… !* »

J'ai connu l'aînée d'une fratrie qui, au moment de quitter la maternité, en avait déjà assez de sa petite sœur et voulait la laisser à la clinique. D'autres ont tenu quelques jours avant de songer à ramener le bébé au magasin.

S'il est agréable, lorsqu'ils grandissent, que les enfants soient assez rapprochés, l'aîné, qui a encore besoin de la présence de sa mère, n'est pas toujours prêt à la partager. C'est la raison pour laquelle le moment câlin du soir est essentiel. On peut parler avec l'enfant et repérer ce qu'il est judicieux de tapoter en EFT pour une intégration en douceur. Cela évite bien des déconvenues qui pourraient mener l'enfant à se sentir rejeté ou mal aimé.

« Même si je veux ma maman pour moi toute seule, je suis une gentille fille. »
« Même si Sam prend toute la place, je suis une bonne fille. »
« Même si je n'ai jamais le droit de jouer avec Sam, je suis une gentille grande sœur. »
« Même si moi aussi je veux le prendre dans les bras comme maman, je suis fière de moi. »
« Même si je dois toujours me taire quand Sam dort, je suis une bonne fille. »
« Même si ça m'énerve quand maman dit tout le temps qu'elle est fatiguée, je suis une gentille fille. »
« Même si je n'aime pas quand maman va dormir quand Sam dort, je suis une grande gentille fille. »
« Même si je dois faire attention à Sam, je suis une bonne fille. »

Vous aiderez ainsi votre enfant à grandir et la paix sera maintenue au sein de la maisonnée.
Je suis persuadée que 10 minutes de grande qualité valent bien plus que toutes ces heures où vous n'êtes pas vraiment disponible et faites l'effort d'une présence qu'il percevra comme forcée. Rappelez-vous qu'un jeune enfant ne voit pas la réalité comme un adulte. Il ne peut analyser une situation, il la vit. Vous ne pouvez pas exiger d'un enfant qu'il soit raisonnable. Il n'a pas encore les outils pour l'être.
En vous mettant à sa place et en regardant ce qu'il perçoit sans réfléchir, demandez-vous ce que vous pourriez alors ressentir. Tout allait bien avant que Bébé arrive et maintenant tout a changé. C'est perturbant pour un jeune enfant qui remarque quand même assez vite que ce petit être, pas bien grand, est déjà très encombrant.

Cette « jalousie » qu'il arrive de percevoir chez l'aîné est un terme à connotation négative donné par les grands. Pour l'enfant, c'est surtout de la tristesse, avec une pointe de colère en arrière-plan, qui pourrait prendre de l'ampleur s'il ne se sent pas compris.
L'enfant est naturellement empathique et il a, lui aussi, besoin de percevoir de l'empathie de la part des autres. Les gronderies ne servent à rien. Privilégiez la communication.

Lisa entre en maternelle

Lisa vient d'avoir 3 ans. Son petit frère prend beaucoup de place à la maison, mais elle peut aider Maman à s'occuper de lui.
Dans ce contexte, l'entrée en maternelle n'est pas simple, car certains matins, Lisa doit se préparer pour aller à l'école alors qu'elle préférerait rester avec sa maman et s'occuper du bébé. Voilà qui est bien dur à accepter. De plus, Lisa n'a pas encore la notion du temps (journée, semaine).

« Même si je ne veux pas aller à l'école, je suis une bonne fille. »
« Même si je veux rester avec Maman à la maison, je suis une bonne fille. »
« Même si je veux aider Maman, je suis une bonne fille. »
« Même si je crois que Maman préfère Sam, je suis une bonne fille. »
« Même si moi aussi je veux rester avec Sam, je suis une bonne fille. »

Lisa fait pipi au lit

Lorsque l'enfant grandit, il lui arrive d'être confronté à certaines peurs, qui peuvent se manifester par un pipi au lit. L'enfant peut avoir peur du « monsieur sous le lit » ou du « monsieur dans le couloir », qui l'empêche de se lever la nuit.

Après avoir écouté Lisa, Léa apprend qu'elle dort tellement fort qu'elle ne sent pas le besoin d'uriner.

« Même si je dors si fort que je ne sens pas le pipi venir, je suis une gentille fille. »
« Même si ça m'énerve de ne pas sentir quand j'ai envie de faire pipi, je suis une bonne fille. »
« Même si je suis triste de faire pipi au lit, je suis une gentille fille. »

Les troubles du sommeil de Sam

S'il existe habituellement des nuits plus difficiles que d'autres, celles où Sam fait ses dents et celles où il est enrhumé le sont encore plus. Ce ne sont pourtant pas des troubles du sommeil, comme en ont les bébés qui ont du mal à s'endormir et qui, à peine assoupis, se réveillent au moindre bruit. Cette hyper vigilance chez un bébé n'est pas normale et parfois liée à l'anxiété de l'un des parents, parfois des 2. L'enfant, qui la perçoit toujours, vit dans un climat d'insécurité. Avez-vous essayé de dormir dans un endroit où vous ne vous sentez pas tranquille, protégé ? L'inconfort est le même pour votre bébé, notamment si le climat d'anxiété persiste.

Pendant mes séances, j'ai rencontré une maman qui avait vécu des expériences difficiles avec ses 2 premiers enfants et s'attendait à ce qu'il arrive aussi quelque chose de grave au troisième.

Son fils, qui percevait son angoisse, luttait littéralement pour ne pas s'endormir. Dès que les yeux se fermaient, il les rouvrait comme pour signaler à sa mère que tout allait bien, qu'il était bien là en parfaite santé.

Nous avons fait quelques petites rondes avec la mère, pour son garçon, mais nous avons surtout travaillé un événement terriblement anxiogène qu'elle avait vécu lorsqu'elle était enceinte de son second enfant. Elle avait rendez-vous pour l'échographie des 8 mois. Le médecin lui avait annoncé un problème qui nécessiterait sans doute une intervention à la naissance. Au même moment, sa fille aînée se faisait opérer, dans le même hôpital.

Tant que cet événement n'a pas été neutralisé, il a influencé la bonne marche de la maisonnée. Son petit troisième, en luttant contre le sommeil, ne faisait que soutenir sa maman, à sa façon.

« Même si tu luttes pour ne pas dormir, tu es un bon petit gars et je t'aime comme tu es. »

Après une ronde EFT, son fils s'est ensuite très vite endormi. Pendant qu'il faisait une sieste, exceptionnellement longue par rapport à son habitude, nous nous sommes occupées de l'événement de la maman. Nous l'avons travaillé comme un film.

Si votre enfant ne dort pas, c'est qu'il perçoit de l'anxiété autour de lui. Il vous faut en repérer la source et si vous n'en êtes pas à l'origine, insister pour que la personne concernée s'en occupe. C'est essentiel pour la santé de l'enfant, mais aussi pour son avenir, car une anxiété non traitée se développe avec le temps.

Un bébé ne pleure jamais pour rien et c'est son seul moyen d'expression à cet âge.
Cette croyance, je dirais même, ce déni scientifique a trop longtemps duré.

Un bébé n'est pas censé faire ses poumons en pleurant.
Et il ne risque pas de devenir capricieux parce que vous le prenez dans les bras pour l'apaiser. Par manque de maturité de son cerveau préfrontal, il n'est pas capable d'avoir si jeune, une réflexion élaborée.

En quoi est-ce si important de ne pas le laisser pleurer ?

Par contre, ne pas s'en occuper aggrave son angoisse et conduit à vivre un attachement évitant[19] avec de fortes répercussions sur son comportement, son développement affectif et sa future vie sociale.
Ces bébés qu'on laisse pleurer apprennent très tôt qu'il ne sert à rien de se manifester. Au début, ils s'épuisent

19. Ce terme scientique décrit par John Bowlby dans sa « théorie d'attachement », est l'un des 4 schèmes d'attachement reconnus.

par leurs pleurs puis finissent par s'endormir. Il leur arrive même de sangloter pendant leur sommeil.

Une fois adulte, ils ne savent pas gérer leurs émotions et souvent reproduisent la même erreur, lorsqu'ils deviennent parents.

À ce sujet, les neuroscientifiques et les spécialistes s'accordent à dire qu'un jeune enfant ne peut contrôler seul ses émotions. Son cerveau est d'autant fragilisé par ces tempêtes émotionnelles qu'il ne peut les réguler sans l'aide d'un adulte bienveillant et maternant. Face à ce débordement ingérable, la situation est vécue comme une agression. L'amygdale se met en alerte et déclenche la sécrétion des hormones du stress. Si cette sécrétion de cortisol et d'adrénaline est utile pour nous soutenir dans les moments d'inconfort, elle devient toxique pour la santé lorsqu'elle se prolonge. C'est malheureusement ce qui se passe chez l'enfant que l'on ignore ou rejette dans ces instants où il a le plus besoin d'aide.

Et je vous assure qu'il lui est bien plus facile d'apprendre par la douceur avec, en prime pour la maman, le plaisir de sentir son enfant s'épanouir dans les meilleures conditions.

Mais je ne sais plus quoi faire quand il pleure...

Vous vous sentez parfois débordé par ses pleurs. La solution consiste ici, à vous apaiser pour ne pas lui transmettre vos états d'âmes. Les 2 parents ont souvent besoin d'aide pour savoir gérer les pleurs de leur enfant.

« Même si je n'en peux plus de l'entendre pleurer, je m'aime et je m'accepte complètement. »
« Même si je suis épuisé, je m'aime et je m'accepte totalement. »
« Même si je me sens totalement impuissant à le calmer, je m'aime et je m'accepte. »
« Même si je me demande ce que j'ai fait pour mériter un tel bébé, je m'aime et je m'accepte totalement. »

Après quelques rondes adaptées à votre ressenti du moment, vous saurez lui apporter toute l'attention dont il a besoin.

Faites néanmoins attention à ne pas créer vous-même l'angoisse de votre enfant.
Le cas de Marc, qui est venu me voir pour une séance, est lui aussi très intéressant. Anxieux de nature et devenu papa à un âge tardif, Marc se levait chaque nuit pour aller vérifier si son bébé était toujours en vie. Sa fille captait sa présence, mais elle sentait en plus la main qu'il posait sur son thorax, 3 fois par nuit. Il n'est donc pas étonnant que ce bébé demande une présence soutenue pour son endormissement et se réveille au moindre bruit.

Sam fait des cauchemars

Si Lisa dort plutôt bien, Sam a un sommeil souvent plus agité. Il lui arrive de crier ou de pleurer la nuit. On a souvent tendance à se précipiter pour réveiller un enfant et le rassurer. Si c'est important de calmer un enfant qui pleure, une fois qu'il est réveillé il est préférable de laisser son subconscient faire ce travail d'intégration d'éléments qu'il a pu percevoir comme délicats dans la journée. Ce retraitement par les rêves ou les cauchemars les neutralisera à son insu. Le tout est de vérifier que tout va bien au réveil.

Si un dérangement persiste, il est alors temps d'encourager votre enfant à en parler. Vous pourrez tapoter sur ce qu'il vous dit, soit en construisant les phrases, comme vous l'avez déjà vu, soit en tapotant durant votre échange, sans vraiment vous arrêter, en l'écoutant.
Là aussi, vous testerez que tout va bien et que cette simple pratique est suffisante. Sinon, vous reprendrez les derniers aspects avec lui, en formulant les phrases comme il se doit.

Cherchez la source de l'angoisse. Pensez à ce qu'il a pu voir à la télévision. Ce peut-être le dessin animé montrant ce gros méchant monstre tout plein de poils, mais aussi un bon Walt Disney dont la musique et l'ambiance, en plus des images, seraient capables d'impressionner un plus grand.

Léa a répété à Sam que le conte de *Blanche Neige et les sept nains* n'est qu'une histoire, mais son cerveau n'a pas su faire la différence en regardant le film. Devant la vilaine sorcière avec sa pomme ou devant le chasseur, Sam a eu très peur.
Les plus sensibles peuvent être bouleversés au point de devoir digérer leurs émotions durant la nuit et d'y repenser pendant plusieurs jours.
Là aussi, le moment câlin du soir sera miraculeux, d'autant plus s'il libère les reliquats de charge émotionnelle avant de s'endormir. C'est en tout cas, un bon moyen d'assurer une nuit sereine à votre enfant et reposante pour vous.

Lorsque mes fils étaient petits, je prenais soin de ne pas les laisser seuls durant les rares moments qu'ils passaient devant la télé. Je me méfiais des annonces sur les films à venir, parfois violents, pouvant surgir au milieu d'un dessin animé destiné au jeune public.

Même sans tomber dans l'excès, il est de notre devoir de veiller sur ces sources de pollution qui ne sont franchement pas nécessaires pour les aider à grandir. La vie leur apportera suffisamment d'expériences à démêler.

En conclusion

Dans ce livre, j'ai voulu couvrir un maximum de sujets différents. Il ne vous a pas échappé que certaines phrases proposées pouvaient tout à fait s'appliquer à d'autres situations. Ce sont des exemples de formulations et elles sont interchangeables.
Vous veillerez en priorité à ce qu'elles reflètent bien votre ressenti. Vous adapterez les mots à votre manière de vous exprimer.
Si le français n'est pas votre langue maternelle, il sera plus efficace de vous adresser à votre subconscient dans votre propre langue.

J'ai mis le focus sur les moments délicats que l'on peut rencontrer dans une vie, mais il y a aussi, fort heureusement, de nombreux moments agréables.

Gardez ce livre près de vous pour le consulter et l'utiliser à volonté et vous remarquerez ces petits et grands bonheurs au fil de votre pratique.

« L'EFT, c'est la vie ! »

Bon voyage à travers les âges !

Pour vous qui souhaitez aller plus loin

Si vous avez quelques questions restées sans réponses, je vous invite à venir les poser directement sur le blog (*blog.technique-EFT.com*) que j'ai spécialement réservé à mes lecteurs.
Je l'ai créé pour que chacun profite de mes réponses, car aujourd'hui je ne peux plus répondre par mails individuels.
C'est la solution que j'ai trouvée pour continuer de vous aider.

Vous pourriez également apprécier de télécharger gratuitement le livre électronique, *L'EFT, l'essentiel en 10 fiches*, que je mets à la disposition des nouveaux visiteurs sur le site de référence *Technique-EFT.com*

Les professionnels de la santé et de l'accompagnement soucieux de bénéficier d'un enseignement sérieux de l'EFT et conforme à l'EFT de Gary Craig pourront bénéficier de la formation d'excellence de l'École EFT France.

Remerciements

Écrire un livre est une belle aventure et bien plus encore, lorsqu'on est conscient que le sujet développé va réellement rendre service.

C'est donc à Gary Craig, fondateur de l'EFT, et à vous, chères lectrices et chers lecteurs, qui par vos appréciations, m'encouragent à accepter de nouveaux projets, que j'adresse mes premiers remerciements.

Je voudrais dire également un grand merci à Agnès Vidalie. C'est avec elle que j'ai eu le plaisir de publier mon premier livre chez Marabout. Elle a aussi pensé à moi pour ce nouveau livre sur l'EFT. Également, ma reconnaissance à Aline Sibony, responsable d'édition chez First, qui m'a offert l'opportunité de m'ouvrir, une nouvelle fois, devant un large public. Enfin, une mention spéciale à Cyrielle Londero qui m'a accompagnée dans une collaboration étroite et attentive jusqu'à l'édition finale de ce livre.

Je souhaite exprimer ma gratitude à Isabelle Aknin pour les gentilles paroles dans la préface de cet ouvrage et pour le précieux partage de son anecdote. Isabelle illustre bien le fait que l'EFT est transportable et transmissible à tous, quelles qu'en soient les circonstances. Je me réjouis à l'avance de me consacrer à ses côtés, à la mise en place de l'EFT dans son service d'AMP afin d'épauler les femmes aux prises avec des difficultés pour réaliser leur désir de maternité. Nous reviendrons ensemble vous présenter le résultat de cette toute première en France.

J'éprouve une profonde reconnaissance envers Amanda Castello, une amie très chère, qui arrive toujours, par je ne sais quel miracle, à repousser les limites d'un agenda saturé pour relire et relire encore mes ouvrages. Elle dégage le temps nécessaire pour m'apporter ses judicieux conseils afin de rendre votre lecture la plus agréable possible.

Bibliographie

Du même auteur :

Livres brochés :

L'EFT pour tous, Marabout, 2013 (version Poche 2016)
Le Petit Tapping – L'EFT des enfants !, Éditions Action Bien-Être, 2015
Découvrir l'EFT, InterÉditions, 2017

Livres en version électronique :

Ces programmes sont disponibles en téléchargement immédiat sur le site *Technique-EFT.com* :
Maigrir durablement avec l'EFT, 2006
Arrêter de fumer avec l'EFT, 2006 (augmenté en 2014)

Autres références utiles :

Amanda Castello, *Padi et l'aventure de la vie*, 2016
Jeanne Siaud-Facchin, *L'enfant surdoué*, 2012
Catherine Gueguin, *Pour une enfance heureuse*, Pocket, 2015